SENTIMENS
D'UN CHRETIEN

TOUCHE' D'UN VERITABLE

AMOUR DE DIEU,

TIREZ DE DIVERS PASSAGES

DE L'ECRITURE-SAINTE,

ET EXPRIMEZ SOUS DIVERSES FIGURES

en Taille-Douce.

Par un Ecclesiastique Solitaire.

A PARIS,

Chez NICOLAS DEVAUX, ruë S. Jacques, prés la ruë Plâtre, à la Providence.

M. DCCII.

AVEC PERMISSION.

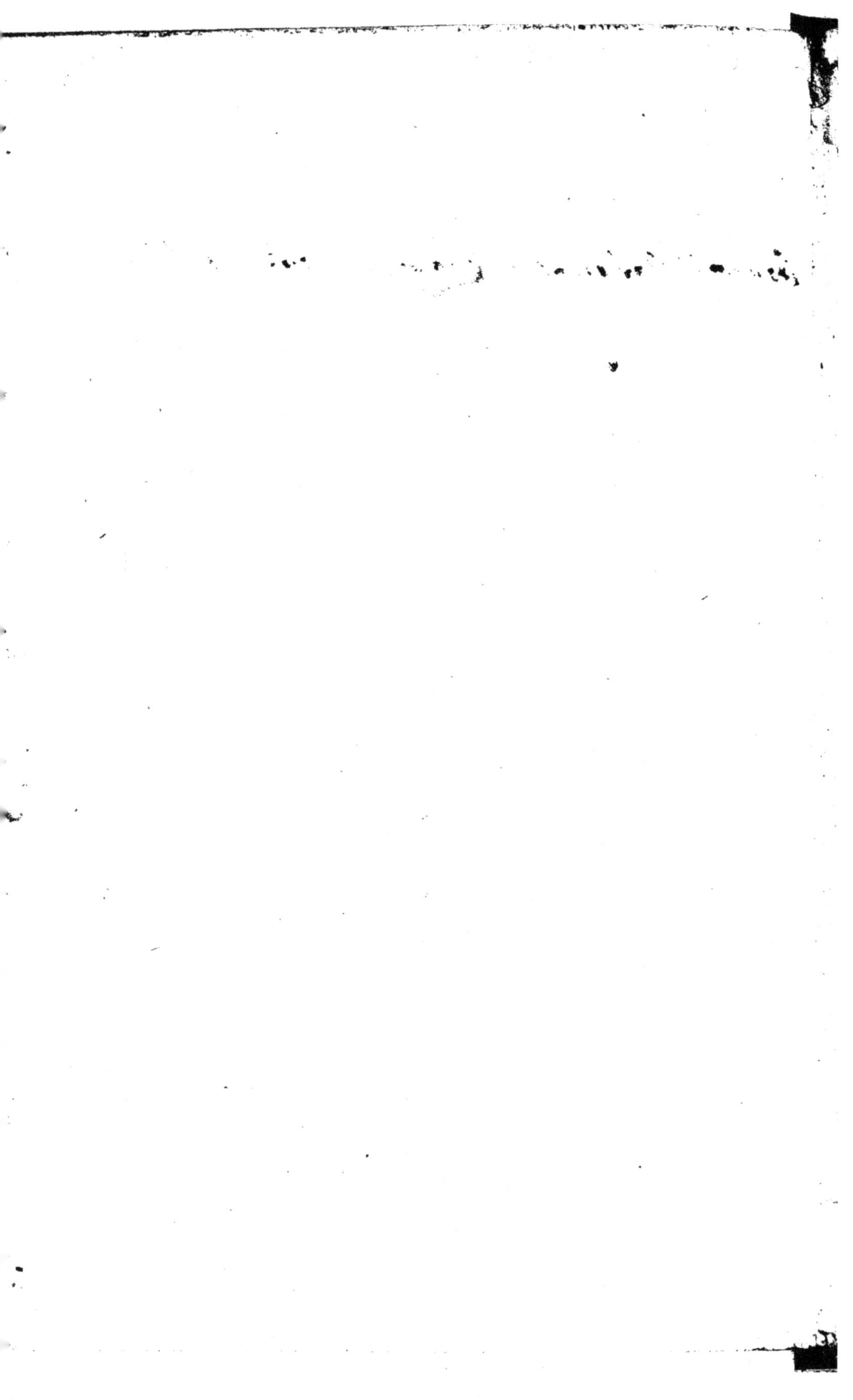

APPROBATION.

J'Ay lû, par ordre de Monſeigneur le Chancelier, le manuſcrit, intitulé *Sentimens d'un Chrétien touché d'un veritable amour de Dieu, &c.* & je n'y ay rien trouvé qui ne me paroiſſe tres-propre à exciter & à entretenir la devotion dans les ames fideles. FAIT à Paris ce 29. Mars 1702.

LAMARQUE TILLADET.

LETTRES DE PERMISSION.

LOUIS, par la grace de Dieu, Roy de France & de Navarre : A nos amez & feaux Conſeillers, les gens tenans nos Cours de Parlement, Maîtres des Requeſtes ordinaires de noſtre Hoſtel, grand Conſeil, Prevoſt de Paris, Baillifs, Senéchaux, leurs Lieutenans Civils & autres nos Juſticiers qu'il appartiendra ; Salut. NICOLAS DEVAUX Libraire à Paris, nous ayant fait ſupplier de luy accorder nos Lettres de Permiſſion pour l'impreſſion d'un manuſcrit intitulé, *les Sentimens d'un Chrétien touché d'un veritable amour de Dieu, exprimez ſous diverſes Figures & par divers Paſſages de l'Ecriture Sainte, par un Eccleſiaſtique Solitaire ;* Nous luy avons permis & accordé, permettons & accordons par ces preſentes, d'imprimer ou faire imprimer par tel Imprimeur qu'il voudra choiſir ledit Livre, en telle forme, marge, caractere, & autant de fois que bon luy ſemblera, pendant le temps de trois années conſecutives, à compter du jour de la datte des Preſentes, & de le vendre ou faire vendre & diſtribuer par tout noſtre Royaume ; à la charge d'en mettre, avant de l'expoſer en vente, deux Exemplaires en noſtre Biblioteque publique, un autre dans le Cabinet des Livres de nôtre Chasteau du Louvre, & un en celle de nostre trescher & feal Chevalier Chancelier de France, le Sieur Phelyppeaux, Comte de Pontchartrain, Commandeur de nos Ordres ? de faire imprimer ledit Livre dans nostre Royaume & non ailleurs, en beau caractere & papier, suivant ce qui est porté par les Reglemens des années 1618. & 1686. & de faire enregistrer les Presentes és Registres de la Communauté des Libraires de nostre bonne Ville de Paris, le tout à peine de nullité d'icelles : du contenu desquelles, Nous vous mandons & enjoignons de faire joüir l'Exposant ou ses ayans causes pleinement & paisiblement, cessant & faisant cesser tous troubles & empeschemens contraires : Voulons que la copie desdites Presentes qui sera imprimée au commencement ou à la fin dudit Livre, soit tenuë pour deuëment signifiée ; & qu'aux copies collationnées par l'un de nos amez & feaux Conseillers & Secretaires, foy soit ajoûtée comme à l'original : Commandons au premier nostre Huissier ou Sergent, de faire pour l'execution des Presentes toutes significations, défenses, saisies, & autres actes requis & necessaires sans demander autre permission, & nonobstant clameur de Haro, Chartre Normande & Lettres à ce contraires. : CAR tel est nostre plaisir. DONNÉ à Versailles l'onziéme jour d'Avril l'an de grace mil sept cens deux : & de nostre regne le cinquante-neuviéme : Par le Roy en son Conseil, LECOMTE.

Registré sur le Livre de la Communauté des Imprimeurs. Libraires de Paris, le 28. jour d'Avril 1702.

Ledit Sieur DEVAUX a fait part de la moitié des Exemplaires & de la Permission cy-dessus, au Sieur CLAUDE BORÉ, Libraire à Paris, suivant l'accord fait entr'eux.

it
te
ot

rs.

es
ur
nt

Anima mea desiderauit te in nocte. Isaiæ. 26.

2.

SENTIMENS D'UN CHRETIEN TOUCHÉ D'UN VERITABLE AMOUR DE DIEU.

FIGURE I. II.

Mon ame, Seigneur, vous a desiré durant la nuit. Isaïe 26.

OU suis-je, & quelle épaisse nuit m'environne ? je marche par des routes entrecoupées de précipices affreux, où chaque pas peut devenir une chute mortelle. O, funeste cause de ma peine ! Peché qui me reduis au triste état où je me trouve, seras-tu encore long-tems le guide infidele de cette malheureuse ? Pourquoi me suis-je abandonnée à ta conduite ? Ignorois-je que tu ne peux mener qu'à la mort les ames infortunées qui te suivent ? Helas ! ne reverray-je plus la lumiere, & suis-je condamnée à finir mes jours dans ces lieux obscurs & remplis d'horreur ?

Et vous divin Soleil de justice, guide sûr & fidele des ames innocentes, ne vous leverez-vous plus pour moy ? JESUS, aimable JESUS, cher époux dont j'ay bien osé trahir la tendresse, s'il en reste encore quelque étincelle dans vôtre cœur, pour une épouse perfide, mais helas ! misérable ; ah n'achevez pas de l'éteindre : que plûtôt cette pretieuse étincelle serve à dissiper les tenebres qui sont répanduës autour de moy. Mais je suis exaucée, & mon divin Epoux a entendu ma voix : déja une foible lueur semblable à celle qui tombe des étoiles commence à percer la nuit, j'entrevois le Ciel, c'est le sejour de mon Epoux : la lumiere augmente, c'est mon époux lui-même : Il vient à moi ; ah ! c'en est trop, Seigneur, & cette derniere marque de vôtre amour en me rendant la plus heureuse des créatures, me fait paroître en même tems la plus ingrate de toutes les épouses : la douleur & la joye s'emparent de mon cœur, mes yeux se remplissent de larmes si douces, que je sens bien que c'est la joye qui les fait couler ; mais ces larmes sont meslées de soupirs que la douleur fait naître à son tour. Je ne vous demande point, Seigneur, que vous fassiez cesser ces divers mouvemens : tous deux me sont trop chers. Ouï, mes pleurs ne tarissez point ; que la joye, l'amour & la reconnoissance vous fassent couler sans cesse : Et vous mes soûpirs, gardez-vous bien d'interrompre vôtre cours ; soyez jusqu'à la fin de ma vie, les interpretes de ma douleur, & les témoins de ma pénitence.

Miserere mei Domine, quoniam infirmus sum; sana me Domine, quoniam conturbata sunt ossa mea. Psal. 6. 3.

FIGURE III.

Ayez pitié de moi, Seigneur, car je languis de foiblesse ; guérissez-moi, Seigneur, parce que le trouble m'a saisie jusqu'au fond des os. Psal. 6.

VOUS détournez, Seigneur, vos regards de dessus moy, je le vois bien, je vous fais horreur ; & l'état déplorable où le peché m'a reduit, loin de faire naître en vous les sentimens d'une tendre compassion, n'y excite sans doute que les mouvemens d'un dédain que je n'ai que trop mérité. Que sont devenus ces momens témoins de vôtre amour & de mon bonheur ? Helas ! ils ont disparu avec mon innocence. C'étoit cette innocence qui m'avoit renduë agréable à vos yeux. Vous en étiez charmé ; vous preniez même plaisir d'ajoûter à cette beauté naïve mille agrémens qui me rendoient infiniment aimable. Vous me donnâtes alors pour compagnes la Raison, la Grace, & la Liberté, trois filles celestes. Rien n'étoit plus digne d'être aimé qu'Elles, ny rien de plus propre à me rendre heureuſe que leur amitié, ſi je m'étois toûjours conduite par leurs conſeils. Mais le Peché, ce cruel ennemi des hommes, s'étant un jour préſenté à moy ſous une figure toute charmante, mais qui n'étoit en effet qu'artifice, & que fard, il ſçût ſi bien trouver le chemin qui conduiſoit à mon cœur, qu'il s'en rendit le maître. Dés qu'il s'en vit en poſſeſſion, le traître commença par tourmenter mes cheres compagnes; il chaſſa la Grace, il mit aux fers la Liberté, & il arracha les yeux à la Raiſon. Pour moi, il me livra à une troupe de ſatellites plus cruels encore que leur maître. Je les ſens s'acharner ſur moi avec fureur; l'Orgueil & l'Avarice produiſent en moi une hidropiſie mortelle; l'Envie me deſſéche: l'impureté fait couler dans mes veines & juſqu'au fond de mes os un feu qui me conſume: la pareſſe me rend paralitique: ayez pitié de moi, Seigneur, & guériſſez-moi. J'ai recours à vous comme à un Medecin tout-puiſſant, qui peut d'une ſeule parole guérir les maux les plus invéterez. Commandez ſeulement à ceux que j'endure de me laiſſer, & ils ſe diſſiperont auſſi-tôt.

Uide humilitatem meam et laborem meum, et dimitte uniuersa delicta mea! Psal. 24.

4

FIGURE IV.

Jettez les yeux, Seigneur, ſur mon humiliation & ſur ma peine, & remettez-moi tous mes pechez. Pſeaume 24.

JE ſouffre, Seigneur, & je ſouffre avec joye, puiſque mes ſouffrances vous ſont agréables : je ſçai que l'humiliation & la peine ſont le partage du pécheur, & le prix du péché; & que la pénitence ſe perfectionne dans le travail & dans les opprobres : je ſçai que vôtre juſtice y condamna le premier des pécheurs, & qu'un Arreſt ſi juſte s'exerce depuis le commencement du monde dans toute ſa rigueur, & ſans aucune exception. Je m'y ſoûmets avec reſpect, & j'adore vôtre juſtice dans le moment qu'elle me fait ſentir ſes plus rudes châtimens. Mais, Seigneur, honorez du moins d'un regard les ſouffrances de vôtre Epouſe. Elle ne demande pas que d'une main charitable vous eſſuyïez les pleurs que ſes infidélitez lui font répandre, voyez-les ſeulement couler. Que les hommes me mépriſent, ils ne ſont en cela que les miniſtres de vôtre reſſentiment, & vous puniſſez le mépris que j'ai fait de vos graces par celui que les hommes ont pour moi : mais du moins que la confuſion que me cauſent leurs dédains, efface celle que le péché répand ſur mon front. La pauvreté & l'ignominie, la faim & la ſoif, le froid & la laſſitude, la maladie & la douleur, ſont comme autant de furies attachées à mes pas ; mais, Seigneur, puiſque me perſecutant elles ne font qu'obeïr à vos ordres ; que la faim me deſſéche, que la ſoif me brûle, que la maladie m'arrache la vie, l'on n'entendra ſortir de ma bouche que loüanges & qu'actions de graces. Vôtre juſtice eſt ſatisfaite, que vôtre miſericorde le ſoit à ſon tour. Accordez, en ſa faveur, grace à une malheureuſe pécheresſe, & daignez enfin luy remettre des crimes ſi ſevérement punis, & ſi ſincerement pleurez.

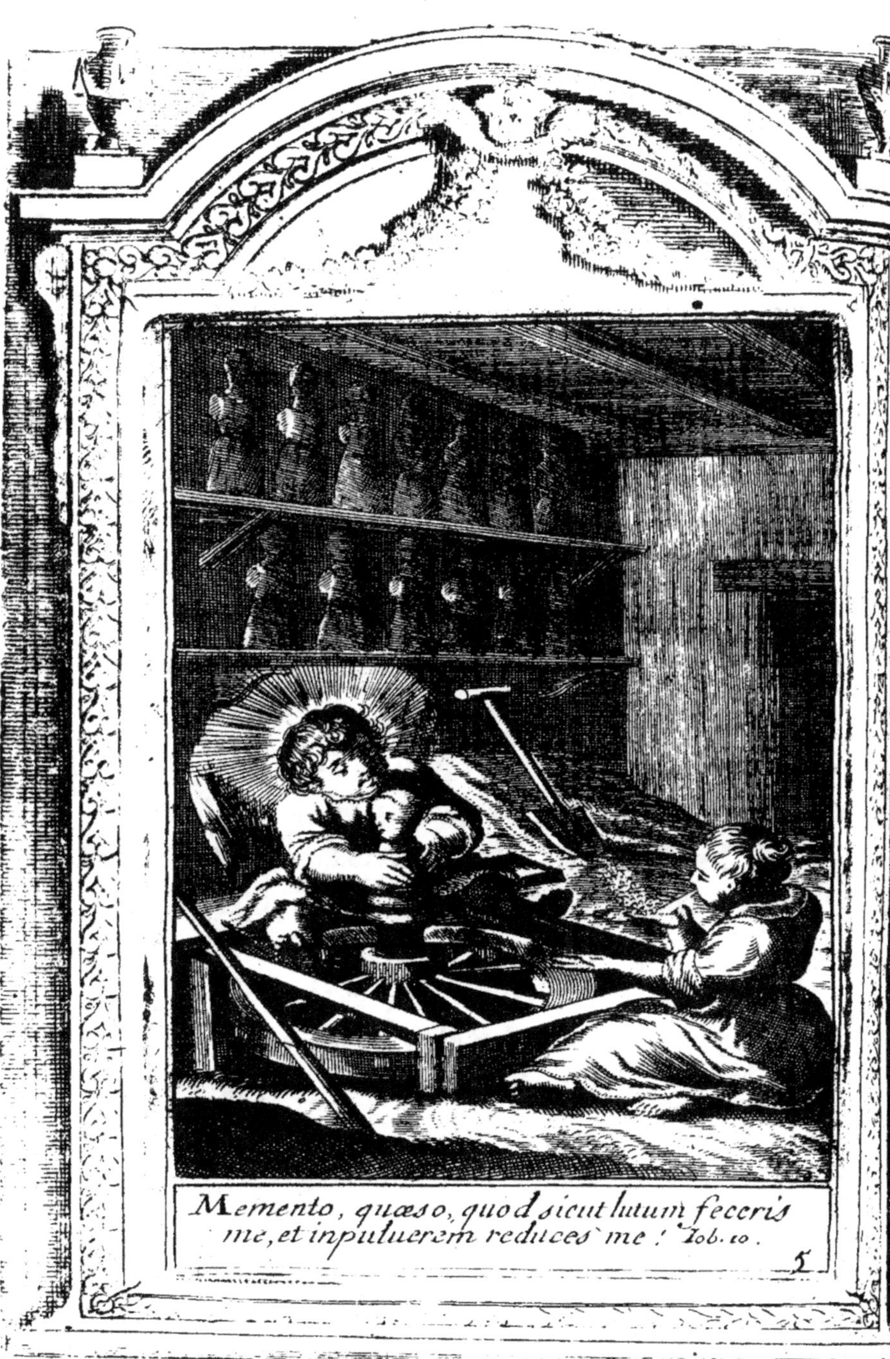

Memento, quæso, quod sicut lutum feceris me, et inpuluerem reduces me! Iob. 10.

5

FIGURE V.

Souvenez-vous, Seigneur, que vous m'avez fait comme un ouvrage de terre, & que dans peu vous me reduirez en poussiere. Job. 10.

QUE dis-je, ô mon Dieu, vous ne sauriez l'oublier : c'est moi-même qui l'oublie, moi qui n'en dois jamais perdre le souvenir. C'est moi qui oublie que je ne suis rien, & que le neant m'environne de tous côtez. Par rapport au passé, je ne suis plus : par rapport à l'avenir, je ne suis pas encore ; & dans le present, que suis-je ? Une fleur que le matin voit éclorre, qui se flêtrit à midy, & qui séche le soir. Une créature constamment misérable, qui trouve le péché dans sa conception, le travail dans sa naissance, la peine dans sa vie, & une nécessité inévitable dans sa mort ; dont l'enfance n'est qu'ignorance & aveuglement, la jeunesse qu'emportement & fureur ; l'âge plus avancé, que vanité & dissipation, & la vieillesse qu'une mort anticipée sous les apparences de la vie : dont toute la vie, pour mieux dire, n'est qu'une mort ſucceſſive; l'enfance meurt pour la jeuneſſe, la jeuneſſe pour l'âge plus avancé, & celui-ci pour la vieilleſſe. En un mot, veux-je m'arrêter quelque tems pour goûter les douceurs qui ſe preſentent ſur mon chemin : le tems même, comme un tourbillon qui m'emporte, eſt inſenſible à mes deſirs, & inexorable à mes plaintes. Je paſſe comme l'ombre, je fonds comme le nuage, je diſparois comme un phantôme. Tiré du neant, que ſuis-je enfin? Terre & pouſſiere. Que deviendrai-je? terre & pouſſiere. Voilà ce que je ſuis, ce que j'oublie, & ce que je devrois penſer toûjours. Oubli commode à la cupidité, mais fatal à la charité! Penſée humiliante pour l'homme, mais ſalutaire pour le Chrétien! Donnez-la moi, Seigneur, cette penſée; ôtez-moi ces vaines & orgueilleuſes idées, que je me ſuis juſqu'à preſent formé de moi-même; faites-moi ſentir la baſſeſſe de mon origine, & la proximité de ma fin; rappellez-moi ſans ceſſe à ces deux objets, dont la vûë continuelle m'eſt ſi neceſſaire pour me tenir dans un état perſeverant de crainte pour vos jugemens, & de confiance en vos miſéricordes.

Peccaui Quid faciam tibi, O custos hominum? quare posuisti me contrarium tibi Iob. 7.

6.

FIGURE VI.

J'ai péché contre vous, que ferai-je pour vous appaiser, ô Sauveur des hommes?
Job. 7.

QUAND je considere, ô mon divin Sauveur, combien mon péché vous offense, quand je me represente qu'il est ùn attentat énorme contre vôtre autorité souveraine, qu'il méprise vôtre Loi, qu'il foule aux piés vos ordonnances, qu'il vous dépoüille de vôtre roïauté, qu'il vous arrache vôtre couronne, qu'il détruit l'empire de vôtre grace, par laquelle vous vouliez regner en moi, & qu'il établit le regne du demon. Quand je pense qu'il renouvelle vôtre douloureuse Passion, & cette préference injurieuse qui y fut faite d'un infame voleur à vous, ô le plus beau & le plus aimable des enfans des hommes ! qu'il vous crucifie une seconde fois, qu'il r'ouvre vos plaïes, qu'il épuise encore aujourd'hui vos véines de ce beau Sang que vous répandîtes autrefois ſur le Calvaire. A ces réflexions, j'ai bien ſujet de trembler, de frémir, & de vous dire comme Job : Que ferai-je pour vous appaiſer, ô Dieu de bonté, qui ne voulez point la mort du pécheur, mais plûtôt qu'il ſe convertiſſe & qu'il vive ! Je pleurerai nuit & jour, j'arroſerai ma couche de mes larmes, j'en mêlerai l'amertume avec mon breuvage, je ſemerai mon pain de cendre, j'affligerai ma chair par le jeûne, & je la reduirai comme une eſclave ſous le joug d'une auſtere & continuelle mortification. C'eſt trop peu, venez encore à mon ſecours infirmitez du corps, afflictions de l'eſprit, diſgraces de la fortune, mépris des hommes, frayeurs de la mort, perils de l'enfer, venez m'aider à humilier mon cœur, à punir mon péché, à vanger mon Dieu, à luy prouver ma douleur, à fléchir ſa juſtice, à me faire eſperer ſa miſéricorde.

Cur faciem tuam abscondis et arbitraris me inimicũm tuum? Job. 13

7

FIGURE VII.

Pourquoi me cachez-vous vôtre visage : Et pourquoi me croyez-vous vôtre Ennemie ? Job. 13.

MOI vôtre Ennemie, Seigneur, ah ne présumez pas que je puisse jamais le devenir. Je tiens à vous par trop d'endroits pour m'en pouvoir jamais séparer. N'estes-vous pas mon Dieu, mon Seigneur, mon bienfacteur? ne trouveray-je pas en vous un ami fidele, un frere affectionné, un époux plein de tendresse ? quels droits n'avez-vous pas sur moy ? en est-il de plus sacrez & de plus inviolables ? & je pourrois les violer, & vous pouvez me croire capable de cette perfidie ? que de pareils soupçons, Seigneur, sont sensibles au cœur de vôtre Epouse, & injurieux à vôtre gloire. Dira-t'on qu'avec tous vos charmes, tous vos bienfaits, tout vôtre amour, vous n'avez pû rendre fidelle une épouse, fixer ses desirs, mériter tous ses voeux ? Ne me cachez donc puls vôtre visage, Seigneur ; ignorez-vous que votre veuë fait toute ma joye, & prenez-vous plaisir à me voir dans la tristesse ? ce sont vos yeux, ces yeux mille fois plus brillans que le ſoleil; qui font chez moi le jour & la nuit: quand vous les détournez, une nuit ſombre s'empare de mon cœur, & y répand avec les tenêbres, le trouble, les inquietudes, & les noirs chagrins; mais ſi-tôt que ces yeux adotables ſe tournent vers moy, ils chaſſent toute l'obſcurité de mon cœur, & y portent avec la lumiere, la joye, la tranquillité & la paix. Mais encore, Seigneur, quelles preuves exigez-vous de ma fidelité? faut-il renoncer au monde, fuïr le commerce des hommes, n'avoir pour toute compagnie que les foreſts & les rochers? allons, Seigneur, allons dans la ſolitude, vous m'y tiendrez lieu de tout; & qui poſſede l'auteur des véritables biens, n'a pas grande peine à ſe paſſer des faux. Faut-il enfin renoncer à ma liberté, n'avoir point d'autre volonté que la vôtre, eſtre dans une parfaite indifference? eh bien, Seigneur, je vous remets toute la puiſſance que vous m'aviez donnée ſur moi-même, me voila preſte à obeïr aveuglément à tous vos ordres, & à donner ma vie pour premiere marque de mon obeïſſance.

FIGURE VIII.

Quis dabit capiti meo aquam et oculis meis fontem lacrymarum. Hierem. 9.

8

FIGURE VIII.

Qui mettra dans ma teste une source d'eaus, & qui fera couler de mes yeux un ruisseau de larmes, qui ne tarisse jamais. Jerem. 9.

D'Où vient, mes yeux, que vous demeurez secs, lorsque vous avez un si grand sujet de pleurer ? Qui mettra dans ma teste une source d'Eau, & qui fera couler de mes yeux un ruisseau de larmes ? Que vous estes heureux, Arsene, d'en pouvoir répandre chaque jour avec tant d'abondance, & que ce mouchoir que vous tenez sans cesse à la main pour les recevoir, vous tient lieu d'un ornement précieux ! Magdeleine, que vous estes heureuse de voir que vos pleurs amolissent peu à peu le rocher qui vous sert de couche ! Que je porte envie à vôtre sort, grand Apôtre, non de ce que vous estes élevé sur le premier trône du monde, mais de ce que vos larmes ne tariſſent ni la nuit ni le jour : que j'aime à voir ſur vos jouës le double lit qu'elles s'y ſont creuſé ! Mais que je ſuis malheureuſe de ne pouvoir tirer une ſeule goute d'eau de la dureté de mon cœur. Frapez-le , Seigneur , ce rocher inſenſible , & faites-en ſortir un torrent , ainſi que vous en fites autrefois couler un par le miniſtere de Moïſe, d'une roche peut-eſtre moins dure. Toutes les ames touchées d'un ſincere repentir pleurent ; Adam a pleuré, David a pleuré, Thaïs, Pelagie, Marie d'Egypte vous avez pleuré ; JESUS lui-même , l'innocent JESUS tout Dieu qu'il étoit a pleuré , non ſes péchez , mais ceux de ſon peuple ; Et moi plus criminelle qu'un Manaſſés , plus chargée de forfaits que les Ninivites, je ne donneray pas une ſeule larme à tant de crimes , tandis que ce Roi fait nager ſon lit dans ſes pleurs , & que cette ville infidelle appaiſe par les ſiens un Dieu juſtement irrité contre elle.

Dolores inferni circumdederunt me, præoccupauerunt me laquei mortis. Psal. [illegible]

9

FIGURE IX.

Les douleurs de l'Enfer m'ont environnée, j'ay été priſe dans les pieges de la Mort. Pſ. 17.

QUEL étrange état que celui d'un Pécheur à ces derniers momens qu'on nomme Agonie ! Il ſent qu'il va mourir, & quoiqu'on lui diſe par une cruelle complaiſance qu'il n'a rien à craindre, il écoute une voix plus ſincere, celle de la Nature affoiblie qui s'irrite contre la douleur, & qui par les fréquens & irreguliers battemens de l'artere lui annonce une mort prochaine. Il voit que la figure de ce Monde, à laquelle il s'eſt follement attaché, va paſſer comme un éclair, & ſe diſſiper comme un nuage. Que bientôt il ne lui reſtera de tous ſes faux biens qu'un triſte & amer ſouvenir. Il apperçoit une main impérieuſe qui vient l'arracher d'entre les bras de ſes proches, de ſes amis ; le chaſſer impitoyablement de ſon domicile, reduire en poussiere ce corps qu'il a si délicatement traité, l'enfermer dans une obscure & infecte prison, où il n'aura pour tout ornement qu'un lugubre suaire, & pour toute famille que la pouriture & les vers. A mesure que la Mort lui ferme les yeux du corps, Elle lui ouvre ceux de l'Ame, & l'applique malgré lui à considerer ce qu'il a volontairement ignoré toute sa vie. Le nombre & la noirceur de ses pechez, qui se présentent en foule à sa mémoire, qui l'investissent & l'assiegent comme une armée rangée en bataille; Un Dieu souverainement bon, mais souverainement juste qui lui demãde compte d'une longue suite d'années toutes consumées à l'offenser: l'Enfer qui commence à s'ouvrir sous ses pieds, & une troupe de Démons qui comme des Lions furieux attendent leur proïe & se préparent à la dévorer. O l'étrange & le terrible état? ne sera-ce point un jour le mien; ne dois-je pas le craindre? ne puis-je pas le prévenir? la pénitence n'est-elle pas un moyen sûr de m'en procurer un meilleur?

Non intres in judicium cum seruo tuo, quia non justificabitur in conspectu tuo omnis viuens. Psal. 142.

10.

FIGURE X.

N'entrez point en jugement avec moi, Seigneur, parce que je ne puis me justifier devant vous. Psal. 142.

A Ce moment terrible, où je vais paroître devant vous, ô mon mon Dieu, que dirai-je, que ferai-je ? pour me justifier à vos yeux ? Vous qui avez trouvé des taches dans les Anges, quel nombre n'en trouverez-vous pas en moi ? Vous qui pesez les justices au poids de vôtre Sanctuaire, quel jugement allez-vous porter de mes iniquitez ? Vous qui condamnez le Serviteur inutile & paresseux, quel arrest prononcerez-vous contre le Serviteur infidele & desobéïssant ? Dirai je que vos ordres, que vos préceptes m'ont été inconnus ? non : & il n'a pas manqué de Prophetes en Israël pour m'en instruire : qu'ils étoient au dessus de mes forces ? non, vous n'estes pas un maître cruel, qui ordonne des choses impossibles. Trouverai-je dans le fonds de ma nature quelque excuse à mon peché ? non, votre grace l'avoit purifiée dans le Batême, & de continuels secours m'ont été offerts pour me porter au bien ; & m'éloigner du mal. En accuserai-je le monde

& le démon ? non, vous m'avez averti trop ſouvent de fuir l'un, en me diſant, qu'il eſt tout rempli d'iniquité ; & de me défier de l'autre, en ajoutant, qu'il rode ſans ceſſe autour de moi comme un Lion affamé qui cherche ſa proïe. Produirai-je enfin ma pénitence & mes bonnes œuvres, & demanderai-je qu'elles ſoient miſes dans la balance, eſpérant qu'elles la feront pencher en ma faveur ? Helas ! que vois-je ? quelles bonnes œuvres, pratiquées plûtôt par humeur, par coûtume, par vanité, que par vertu, par devoir, & par le deſir de vous plaire ? quelle pénitence, qui n'a commencé que ſur le declin d'une vie uſée dans les plaiſirs ! quelle pénitence qui s'eſt contentée de s'abſtenir de commettre de nouveaux pechez ſans travailler à expier les anciens ! quelle pénitence, ou j'ai moins cherché à mortifier mes ſens, qu'à prolonger mes jours ! Ainſi coupable de tout mal, pauvre & vuide de tout bien, que dois-je attendre de vous, Seigneur, ſi vous entrez en jugement avec moi, ſi vous n'avez pitié de moi, ſi vous ne vous ſouvenez que vous êtes mort pour moi.

Non me demergat tempestas aquæ, neque absorbeat me profundum! Psal. 68. 11.

FIGURE XI.

Que je ne ſois point ſubmergée par la tempeſte, & que je ne ſois point engloutie dans ce gouffre. Pſal. 68.

SEMBLABLE à un Vaiſſeau ſans Pilote, je me vois emportée au gré de mes paſſions ſur la mer orageuſe de ce monde. L'Eſperance m'éleve juſques dans les nuës, & le deſeſpoir me creuſe un abîme dans les flots : la hardieſſe me pouſſe contre des rochers, & la crainte retarde ma courſe : les deſirs enflent mes voiles, & l'indolence me les fait baiſſer : la Joïe produit un trop grand calme, & la triſteſſe excite la tempête : l'amour me jette en pleine mer, & la haine me met à deux doigts du naufrage. Ah! Seigneur, paroiſſez ſur les eaux, venez, prenez en main le gouvernail, écartez l'orage qui me menace, diſſipez ces vents impétueux, calmez ces flots irritez, éloignez de moi cet écueil dangereux, conduiſez-moi au port. Seigneur, vous vous laiſſez ſurprendre au ſommeil, & vous m'abandonnez à toute la violence d'une mer en colere. Voyez comme les vagues qui m'avoient d'abord receuë, ne me ſoutiennent plus, voila qu'elles ſe dérobent de deſſous moi, elles s'entrouvrent & je coule à fond. Sauvez-moi, Seigneur, je péris, ſi votre main ne s'avance pour me ſecourir. J'avouë que je n'ay pas merité un ſecours ſi favorable, mais vous ne le refuſaſtes pas à Pierre vôtre Apôtre, bien que ſon peu de foi l'en eût en quelque ſorte rendu indigne; & Jonas l'un de vos Prophetes, quoique coupable envers vous de deſobéïſſance trouva une Baleine que vôtre providence lui envoya pour le ſauver, ſur le point qu'il étoit d'être enſeveli ſous les eaux.

FIG. XII.

Quis mihi hoc tribuat vt in inferno protegas me, et
abscondas me donec pertranseat furor tuus? Iob. 14
13.

FIGURE XII.

Où trouverai-je quelque antre où je puisse estre à l'abri de vôtre foudre, & me tenir caché jusqu'à ce que vôtre colere soit passée ? Job. 4.

J'ENTENS gronder le tonnerre, les éclairs brillent de toutes parts & annoncent aux hommes effrayez la colere d'un Dieu. Où fuirai-je moi qui me sens coupable de mille crimes. Quel autre assez obscur ou assez écarté mettra ma teste à couvert des poursuites de la Justice divine? Les coups redoublent, la foudre approche, elle va tomber, & me précipiter avec elle dans les Enfers. Ah ! j'aperçois un asile inaccessible à l'orage, inviolable au tonnerre ; c'est le côté entrouvert de JESUS expirant sur la Croix. Courons y mettre en sureté nôtre vie & nôtre salut. Nous n'avons plus rien à craindre, la foudre retourne en arriere à la vûë de cet asile sacré, & ne laisse aprés elle qu'un reste de bruit dans les airs, & de crainte dans les cœurs. C'étoit donc peu pour vous adorable JESUS de m'avoir ſauvé la vie en donnant la vôtre ; tout mort que vous eſtes vous me la ſauvez encore ; vous ſouffrez qu'une lance vous faſſe une ouverture au côté, pour m'en faire un lieu de refuge. C'eſt cette ouverture de la pierre où la Colombe craintive ſe vient mettre à l'abri de la tempête, c'eſt là qu'elle laiſſe paſſer l'orage, qu'elle attend le retour du beau tems. C'eſt dans ce fort qu'elle évite la ſerre meurtriere du cruel Epervier, ou la dent ſanguinaire de l'artificieuſe Belette. Et ce ſera là que j'attendrai Seigneur, que vôtre colere s'apaiſe. Elle ne dure pas toûjours, & vous vous laiſſez à la fin fléchir. * Il eſt vrai que vous faites quelquefois briller votre épée aux yeux des pécheurs, que vous bandez vôtre arc, que vous le tenez tout preſt à lancer contre-eux des fléches brûlantes ; mais s'ils peuvent ſe ſauver dans ce ſacré côté, ils n'ont plus rien à craindre, vous voila deſarmé, l'arc & les fléches vous tombent auſſitôt des mains.

* *Pſ. 7. v. 13. & 14.*

Nunquid non paucitas dierum meorum finietur breui? Dimitte ergo me vt plangam paul-lulum dolorem meum. Iob. 10. 13.

FIGURE XIII.

Eſt-ce que la mort mettra bien-toſt fin à mes jours? laiſſez-moi donc aller dans quelque antre ſolitaire, pour y pleurer mes fautes, juſqu'au moment qu'elle arrive. Job. 10.

FUYONS dans les deſerts, cherchons quelque antre écarté, pour y finir nos jours dans la pénitence & dans les larmes: que ma grote jour & nuit retentiſſe de mes regrets; que le cours de mes larmes ſe mêlant à celuy de cette ſource, l'empêche de tarir; que la mort me trouve les yeux remplis de pleurs & le cœur gros de ſoupirs, & mon corps tellement extenué par les jeuſnes, les veilles, & les auſteritez, qu'elle ne ſoit obligée d'employer contre moy que le moindre de ſes dards. Hâtons nous de marcher dans le chemin que vôtre bonté, Seigneur, m'ouvre, pour arriver à une félicité que j'ai ſi peu mérité, que j'ai mépriſée, ayant perdu mille fois par ma faute le droit que j'avois d'y prétendre. Hâtons-nous d'avancer pendant que le jour de la misericorde luit encore, quoi qu'il panche déja vers son couchant, & que les ombres de la mort aillent bien-tôt le faire disparoître. Ecoutez, amateurs du monde, & que ma voix, bien-que foible & languissante, imprime la terreur dans vos cœurs. Plongée dés ma premiere jeunesse dans les plaisirs que je vous vois rechercher avec tant d'ardeur, je les ai goûtez tous : j'ai sacrifié à la volupté durant quarante ans ; & il n'y a eu dans toute cette contrée, ni pré, ni bocage, ni verger, où je ne luy aye rendu mon culte, & qui n'ait vû fumer mon encens devant cette infame divinité. Me voici enfin arrivée aux derniers jours de ma vie, & que me reste-t-il de mes plaisirs passez ? le repentir, la douleur, des larmes, des gemissemens, l'incertitude de mon salut. Heureuse encore dans le deplorable état où je me trouve, de ce que la bonté infinie de mon Dieu a bien voulu changer mon cœur, luy inspirer les desirs salutaires d'une sincere penitence, & lui faire concevoir quelque esperance parmi tant de sujets de desespoir.

Utinam saperent et intelligerent ac nouissima prouiderent! Deuterön. 32. 14

FIGURE XIV.

Pluſt à Dieu que les hommes fuſſent ſages & intelligens, ils penſeroient à la mort. Deut. 32.

MAIS qui peut l'oublier ? n'eſt-ce pas aſſez de vivre pour avoir lieu de penſer continuellement qu'il faut mourir ? Sans que la foi nous apprenne que tous les hommes moureront une fois ; & que cet arreſt prononcé par la Juſtice de Dieu contre Adam s'executera infailliblement ſur tous ſes deſcendans. Eſt-il une idée plus fréquente dans nôtre vie, & qui ſe produiſe plus ſouvent à nos yeux que celle de nôtre mort ? nous mourrons : c'eſt ce que nous annoncent chaque jour nos foibleſſes, nos maladies, nos infirmitez, la ſucceſſion de nos âges, l'alteration de nos ſens, la défaillance de nos corps, qui comme des maiſons de bouë ſe minent peu à peu, & tombent à la fin en pouſſiere. Nous mourrons : c'eſt ce que nous diſent inceſſamment la viciſſitude des Etats & des Royaumes, l'enlevement de nos amis & de nos proches, le renouvellement continuel des familles, où les peres voyent à peine leurs enfans à la troiſiéme generation. Nous mourrons : Il ne faut qu'ouvrir les yeux, pour voir que la mort ne fait grace à personne, que nul n'échape au tranchant de sa faux, que la Puissance & la Grandeur sont de vains titres pour se défendre de ses coups ; que les Princes & les Rois sont mortels, & qu'ils mourront tous comme les autres hommes. Nous mourrons : rien de plus certain ; & tels que nous serons trouvez à l'heure de la mort, justes ou pécheurs, tels nous serons jugez pour toute l'Eternité ; heureux avec les Anges, si la mort nous trouve en cet état de grace ; malheureux avec les demons, si la mort nous surprend en état de peché. Mais quelle sera cette derniere heure, dans quelle année, dans quel mois, dans quel jour se trouvera-t-elle ? Rien de plus incertain : peut-estre dans une extrême vieillesse ; peut-estre aussi demain, peut-estre dés aujourd'huy, & nous n'y pensons pas. Et nous ne craignons pas qu'elle nous surprenne, & nous ne veillons pas continuellement pour éviter d'en estre surpris. Quelle indolence, quelle folie ! diray-je quel desespoir, ou quelle présomption !

Defecit in dolore vita mea et anni mei in gemitibus. Psal. 30.

15.

FIGURE XV.

Ma vie se perd dans la douleur, & mes années dans les gémissemens. Ps. 30.

LE Peché s'estoit servi du Plaisir pour m'ôter la vie de la Grace, & la Pénitence se sert de la Douleur pour m'ôter la vie du Peché. Ma vie s'est donc perduë dans la douleur, & par la douleur. Mais quelle vie, Seigneur, & peut-on appeller ainsi les jours qu'on passe dans le peché? Aimable Douleur qui m'ôtez une vie si détestable, que vous me charmez, & que vous êtes préferable au plaisir le plus touchant! Douleur mille fois plus désirable que tout ce que la volupté a jamais inventé pour flater les sens; douleur qui n'a rien d'amer; douleur qui fait couler des larmes plus douces que la plus douce rosée; douleur enfin qui m'as reconcilié avec mon Dieu. C'est cette douleur, Seigneur, que David, ce Prince selon vôtre cœur, trouvoit plus agréable que le pain le plus ſavoureux ; que Magdeleine vôtre Amante préfera aux plaiſirs que ſa jeuneſſe & ſa beauté luy promettoient ; qu'Auguſtin vôtre ſerviteur a ſi fort vantée dans ſes Ecrits, & qui a ſervi de nourriture délicieuſe à tous les vrais pénitens. Et vous, heureux enfans d'une auſſi aimable mere, tendres & ſaints gemiſſemens, je vous abandonne mon cœur ; apprenez-lui à gémir, qu'il devienne une Colombe gémiſſante, une plaintive Tourterelle d'un Corbeau croaſſant qu'il étoit : qu'il gémiſſe de ſa pauvreté, de ſa miſere, de ſes infidélitez ; mais qu'il gémiſſe encore de ſe voir éloigné de ſa chere patrie ; qu'il ſçache que pour pouvoir un jour ſe réjoüir comme Citoyen, il faut avoir ſçû gémir comme voyageur. *S. Auguſtin.*

Concupiuit anima mea desiderare iustificationes tuas. Psal. 118.

16.

FIGURE XVI.

Je suis toute languissante du desir dont je brûle sans cesse pour vôtre Loi. Ps. 118.

QUE vôtre Loi, Seigneur, est belle, & qu'elle est digne d'estre aimée! Oui je me livre toute entiere à ses divins charmes, elle merite tout mon attachement, & je lui consacre un amour éternel. Faux Sages de l'Antiquité payenne, vous qui avez osé prendre le nom sacré de Legislateurs des peuples, disparoissez avec vos loix informes, ou venez en faire hommage à celle de mon Dieu. Il n'y a qu'elle seule qui soit digne de gouverner les hommes, parce qu'il n'y a qu'elle seule qui puisse les rendre heureux. Mais l'homme aveugle & tout ensemble avide de bonheur, cherche à tâtons parmi les tenebres qui l'environnent, ce qui peut le lui procurer ; & saisissant à l'aventure la premiere loi qui le luy promet, il la suit dans l'espérance qu'elle le conduira à cette felicité tant desirée. C'est ce desir insatiable & si naturel de la félicité qui a peuplé toutes les écoles des Philosophes, qu'on peut regarder comme autant de petits Legiſlateurs. Mais au lieu de voir paroître ce bonheur tant ſouhaité par les diſciples, ſi ſolennellement, ou plûtoſt ſi témerairement promis par les Maîtres, les Maîtres n'ont pû tenir leurs promeſſes, ni les diſciples ſatisfaire leurs deſirs. Il n'en eſt pas de même de vôtre Loi, ô mon Dieu ; elle promet, & elle donne en même temps une félicité ſolide, parfaite, éternelle. Et ce qui eſt divin, c'eſt que pour y parvenir, il n'eſt beſoin que d'une ſeule choſe ; aimer, c'eſt là l'unique ordonnance que cette Loi preſcrit. Reſpires enfin, ô homme qui te ſens accablé ſous la multitude & le poids des preceptes que t'impoſent un Zenon, un Socrate, un Epictete : laiſſe là les idées chimeriques d'un Platon, la Morale trop libre d'un Epicure, les dogmes ridicules & inſenſez d'un Mahomet : range-toy ſous le joug doux & leger de la Loi du Seigneur, aime, & tu accompliras cette Loy. Quoi de plus naturel, quoi de plus facile à faire, quoi de plus charmant à éprouver ? Aimer ? fais-en l'épreuve, ô homme, aime, & tu ſeras heureux.

Utinam dirigantur viæ meæ ad custodi=
endas iustificationes tuas! Psal. 118.

17.

FIGURE XVII.

Daignez, Seigneur, regler mes voyes de telle ſorte, que je garde la juſtice de vôtre Loy. Pſalm. 118.

LOIN de moi cette penſée préſomtueuſe, que je puiſſe par moi-même, & ſans autre ſecours que celui de mes propres forces, accomplir vôtre ſainte Loi, ô mon Dieu. Non ſeulement j'avouë en cela ma foibleſſe & mon impuiſſance, je reconnois même que je ne ſuis capable que de vous être déſobéïſſante & infidelle; née avec le péché, revêtuë d'un corps de péché, je n'ai de pente & d'inclination que pour le péché: il vient de moi, il habite en moi, il regne ſur moi: à peine ai-je conçû quelque deſir pour le bien, deſir même que je ne conçois jamais qu'avec vous & par vous, que je ſens auſſi-tôt dans mes membres une loi qui s'oppoſe à celle de mon eſprit, ſi foible & ſi lâche que ſe rendant preſque ſans résiſtance à la chair ſon ennemie, je ne fais pas le bien que je voudrois, & je fais le mal que je ne voudrois pas. A la vûë de mon infortune, je gémis, je pleure ; ô Dieu de mon ſalut, Pere de miſericorde, ayez pitié de moi : voyez mes pleurs, écoutez mes gemiſſemens, enſeignez-moi vos ordonnances pleines de juſtice, conduiſez-moi dans les ſentiers de vos commandemens ; fortifiez-moi ſelon vôtre parole, en laquelle j'ai mis toute mon eſpérance ; détournez mes yeux de la vanité & du menſonge, panchez-les vers les témoignages de vôtre vérité, éloignez-moi de la voie de l'iniquité que j'ai en horreur ; établiſſez-moi fortement dans celle de vôtre juſtice que je deſire : O lumiere éternelle, diſſipez mes tenebres ; ô force toute-puiſſante, diſſipez ma langueur, fortifiez ma foibleſſe, & faites-moi vouloir ce qui vous eſt agréable ; donnez-moi, mon Dieu, ce que vous commandez, & commandez-moi tout ce que vous voulez.

Perfice gressus meos in semitis tuis, vt non moueantur vestigia mea. Psal. 16.

18.

FIGURE XVIII.

Affermissez mes pas dans vos sentiers, ô mon Dieu, afin que je ne sois point ébranlé en marchant. Psalm. 16.

C'EST quelque chose d'entrer dans la voie du Seigneur, c'est tout d'y perseverer & d'y marcher si constamment, qu'on puisse arriver au terme bienheureux où elle conduit. Ce n'est pas le commencement d'une vie sainte que vous regardez, ô mon Dieu, c'est la fin. Que l'on s'engage de bonne heure à vôtre service, ou qu'on ne s'y engage que tard, vous ne rebutez & ne rejettez personne, mais vous ne recompensez que ceux qui y sont fideles: En vain aurai-je eu la sagesse de Salomon durant toute ma vie, si je n'ai pas à l'heure de ma mort la perseverance du bon Larron; donnez-moi l'un & l'autre, ô mon Dieu: Que dés ce moment éclairée des lumieres de vôtre grace, & prévenuë de ses benedictions, vous daigniez me faire connoître la voie de mon salut, & m'inspirer le desir d'y entrer. Je sors pour toûjours de celle du monde & de l'iniquité. Je le dis, & je le veux ainſi. Mais que puis-je dire, ſi vous ne parlez toûjours en moi, & que puis-je vouloir, ſi vous ne voulez toûjours avec moi ? les créatures qui m'aſſiégent au dehors, & qui chent à m'éblouïr par le charme trompeur de leurs beautez apparentes, mes paſſions qui s'élevent au dedans, & qui s'efforcent de me corrmpre par le poiſon ſubtil de leurs délectations ſenſibles, me feront bien-toſt changer de langage & de réſolution, ſi vous ne mettez ſur mes lévres la parole immuable de vôtre verité ; ſi vous ne fixez mon cœur à l'amour de vôtre ſainte loi ; combien d'ames helas éprouvent tous les jours cette fatale viciſſitude ; combien aprés être ſorties des terres de Pharaon, ſe dégoûtent de la manne du deſert, & ſoûpirent lâchement aprés les oignons de l'Egypte. Vous le permettez, Seigneur, pour punir leur orgueil. Je crains le mien, je le ſens déja qui m'entraîne ; je vais tomber, ſi vous ne me ſoûtenez ; donnez-moy vôtre main ſecourable, qui me guide ſans ceſſe, qui m'affermiſſe dans la voye que j'ai choiſie, & me conduiſe au bienheureux terme où j'aſpire.

Confige timore tuo carnes meas, a iudicijs enim tuis timui. Psal. 118.

19.

FIGURE XIX.

Percez ma chair de vôtre crainte, parce que je tremble dans la vuë de vos jugemens. Pſ. 118.

OUY, Seigneur, j'y conſens, percez cette chair pécchereſſe, cette chair indomtable, qui refuſe de m'obéïr, qui ne m'écoûte pas même, lorſque je lui parle en vôtre nom. Percez-la de mille pointes, percez-la de mille traits, non de ces traits de vôtre amour dont les bleſſures ſont ſi douces, mais des traits perçans de vôtre colere, qui portent par tout le feu & la douleur. Frapez la de la terreur de vos jugemens : Faites paroitre à ſes yeux l'appareil effroyable des ſupplices qui lui ſont préparez ; comment en ſoûtiendra-t-elle la vuë, elle qui juſqu'ici n'a cherché que les objets agréables? que ſes oreilles ſi ſouvent flattées par la douceur des concerts, entendent les hurlemens affreux que pouſſent les réprouvez du fonds de leurs cachots. Peignez dans ſon imagination ces phantômes, ces ſpectres, deſtinez à troubler éternellement celle de ces malheureux. Mais faites-lui ſur tout ſentir ce feu si vif, si pénétrant que le soufle de vôtre indignation allumera sans cesse, & que vôtre misericorde n'éteindra jamais. Mais si ces maux qui lui paroîtront peut-estre encore éloignez ne font sur elle qu'une impression médiocre, qu'elle en éprouve de présens: qu'elle se sente glacer par le frisson de la fiévre, & consumer par son ardeur; qu'un ulcere infect fasse naître dans toutes ses parties une source de vers & d'ordure: qu'un feu interne & étranger lui devore les entrailles: qu'elle apprehende enfin que ces maux temporels ne soient que le prélude des maux éternels qui la menacent. Mais si aprés cela, Seigneur, elle se rend soumise à vos ordres, si elle renonce aux plaisirs des sens, si elle vous suit sur le Calvaire, que vôtre courroux s'appaise, rendez-lui la santé, que ses os ébranlez par les rudes & continuelles secousse de la douleur rentrent dans leur repos, & dans leur situation ordinaire, afin que la chair travaillant de concert avec l'ame, & marchant ensemble dans la voye royale de l'amour nous arrivions ensemble au séjour des éternels plaisirs.

FIG. XX.

Auerte oculos meòs ne videant vanitatem.
Psal. 118.

20.

FIGURE XX.

Détournez mes yeux, afin qu'ils ne voyent point la Vanité. Pſ. 118.

FERMEZ-vous mes yeux, & gardez vous bien de vous ſoüiller par la vuë des créatures, vous, qui êtes faits pour joüir un jour de celle du Créateur. Sur tout conſervez vous purs, & chaſtes, vous devez voir JESUS dans ſa gloire. Quels vains objets vous amuſent? pourquoi vous laiſſez-vous faſciner ainſi? tout ce qui vous charme, croyez moi, n'eſt qu'illuſion. Voyez-vous ces petites ſpheres volantes, ces bouteilles brillantes de mille couleurs, qu'un enfant pouſſe d'un chalumeau, l'arc en ciel eſt moins diverſifié, ce n'eſt toutefois qu'un peu d'eau de ſavon que l'air a rarefié, & que le ſoleil colore. Tels ſont les objets aprés leſquels vous courez, & dont vous m'apportez ſans ceſſe les images. Que penſez vous que ſoit ce ſpectacle ſi pompeux qui vous enchante par ſes ſoudains changemens & ſes ſurprenantes varietez ; une douce tromperie, un agreable menſonge. Ce teint ſi vif & ſi fleury dont l'aſpect ſemble faire vôtre félicité, qu'eſt-ce autre choſe qu'un peu de terre expoſée à la lumiere dans une certaine ſituation, c'eſt a dire que vôtre bonheur dépend des differents biais dont la lumiere reflêchit ſur vôtre objet, quoi de plus fragile qu'un pareil bonheur ; réſervez vous donc mes yeux pour ce grand & unique objet qui doit faire la véritable & ſolide félicité des hommes & des Anges, & rendez graces à celuy qui vous a créez, de l'honneur qu'il vous a fait de vous avoir choiſi entre tous les autres organes du corps pour être les témoins de ſa gloire.

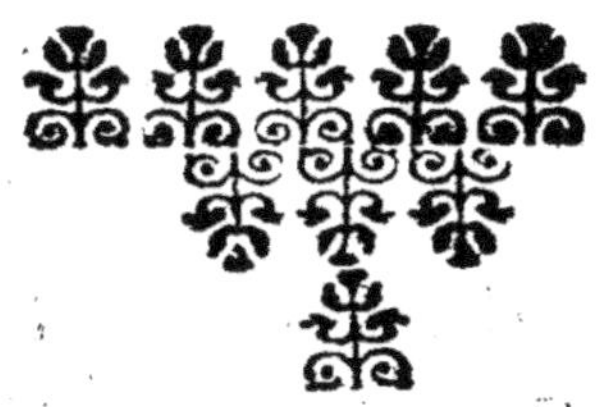

*Fiat cor meum immaculatum in justificatio-
nibus tuis, ut non confundar!* Psal. 118.

21.

FIGURE XXI.

Faites, Seigneur, que je me conserve pure dans l'amour de vôtre sainte Loi, afin que je ne sois point confonduë. Ps. 118.

JUSQUES à quand, ô mon Dieu, refuserai-je de vous aimer, & de vous servir ? jusques à quand de misérables & fragiles beautez me détourneront-elles de la voye de vos divins préceptes ? beautez qui en comparaison de la vôtre sont encore moins que la lueur d'un bois pourry à l'égard de la lumiere du soleil, ou qu'une goute de rosée par rapport à tout l'Ocean. O ame ingrate jusques à quand oublieras-tu un Dieu, qui pour t'avoir créée à son image, rachetée au prix de son sang, comblée de mille faveurs, ne te demande qu'un peu d'amour ? Ame insensible, qu'y a-t-il de si doux dans tes passions pour en préferer les objets à ton Dieu, ou de si engageant dans les créatures, pour te reduire à les servir ? pendant

D iij

qu'indifferente à ton propre bonheur tu te mets peu en peine de plaire à celui qui ſeul mérite toute ton attache ; ne te ſouciant ni de ce qu'il eſt, lui qui eſt la Beauté ſouveraine, qu'il t'eſt permis d'aimer : ni de ce qu'il a, lui qui a des plaſirs éternels à te donner : ni de ce qu'il veut, lui qui veut te ſauver : ni de ce qu'il peut, lui qui peut te damner. O ! c'eſt trop long-tems vous faire injure, Seigneur, que de laiſſer paſſer tant d'années ſans vous aimer. C'eſt eſtre trop injuſte, que de ne vous pas rendre volontairement ce que vous m'avez ſi genereuſement donné, eſprit pour eſprit, cœur pour cœur, amour pour amour. C'en eſt fait, quoi qu'en diſent le monde & mes paſſions, je ne veux plus m'occuper que de vous : je ne veux plus vivre & reſpirer que pour vous. Fortifiez ſeulement ces bons deſirs que vous m'inſpirez ; donnez-moi un amour chaſte qui purifie ma volonté ; un amour courageux, qui ſoutienne ma foibleſſe ; un amour conſtant, qui fixe ma liberté ; un amour éternel, qui commençant dés cette vie, ſubſiſte dans l'autre ſans interruption & ſans fin.

Veni dilecte mi, egrediamur in agrum, commo-
remur in villis. Cantic. 7.

22.

FIGURE XXII.

Venez, mon bien-aimé, allons, sortons des Villes à la campagne, & faisons-y nôtre séjour. Cant. 7.

FUYONS les Villes & leur dangereux séjour; fuyons leur tumulte & leur bruit importun; fuyons ces lieux où le crime est honoré, & la Vertu méprisée; où tous les objets n'inspirent que l'amour du plaisir, où le cœur trouve à chaque pas quelque piége tendu à son innocence; où les Temples & le Sanctuaire ne sauroient même servir d'asile à la pudeur: où le démon a des autels, où vous n'estes, Seigneur, qu'un Dieu inconnu. Quittons l'Egypte, allons dans le desert sacrifier au véritable Dieu. Cherchons le silence & la solitude, il n'y a plus sur la terre que les rochers & les antres obscurs, où le monde n'ait pas encore fait recevoir son faux culte. C'est là que nous trouverons ſept mille fideles qui n'ont pas fléchi le genou devant Baal. Pour vous poſſeder, ô mon Dieu, vous l'objet de leurs plus tendres deſirs, ils ont tout quitté, villes, patrimoines, parens; ils ſe ſont quittez euxmêmes. En voyant le Ciel ſi beau, ils n'ont eu que du mépris pour la terre. Ils regardent comme des jeux, & de vains amuſemens tout ce qui occupe les hommes ici-bas : & portant leurs vœux vers des objets plus dignes de leur attachement, ils travaillent à acquerir les biens éternels. Par combien de travaux ces hommes courageux s'efforcent-ils de ſe rendre maîtres de la celeſte Jeruſalem; c'eſt par des ſoupirs redoublez, par de continuels gemiſſens, des prieres toutes de feu, des cris & des ſanglots qu'ils l'attaquent; c'eſt par de longs jeûnes qu'ils ſe mettent en état de triompher; vœux ardens, deſirs enflammez, ils mettent tout en uſage, tout leur ſert d'armes pour combattre & pour vaincre. Joignons-nous à tant de genereux athletes, combattons avec eux, nous remporterons avec eux la victoire.

Trahe me, post te curremus in odorem vnguentorum tuorum. Cantic. 1.

23.

FIGURE XXIII.

Tirez-moi aprés vous, nous courons aprés l'odeur de vos parfums. Cant. I.

VOus qui avez dit ; Que quand vous feriez élevé de terre, vous tireriez toutes choses à vous, Seigneur, pourquoy me laissez-vous toûjours attachée à cette Terre. Je ne puis, vous le savez, m'élever de moi-même, le poids de mon corps me retient, mes passions m'appesantissent. Je fais à la verité de tems en tems quelques efforts, pour m'élancer vers vous, ô mon souverain bien ? mais ces efforts sont vains, & ne servent qu'à me faire mieux sentir mon impuissance. Ainsi semblable à un ver je rampe sur la terre, je me nourris de terre, & si vous ne m'aviez assuré que mon origiue est toute celeste, mes inclinations terrestres & grossieres me feroient croire que je ne suis formée non plus que mon corps, que d'un peu de terre. Divin Soleil de Justice, attirez-moy à vous, comme celuy qui est vôtre image dans le monde attire à luy les vapeurs de la terre. Ce globe de feu que vôtre sagesse a allumé dans le Ciel, non seulement communique sa chaleur bien-faisante aux parties de la terre les plus froides & les plus steriles pour les rendre fécondes, & leur faire produire des plantes; mais il en détache encore les plus grossieres, il les éleve, il les purifie, il les enflamme, il en fait de brillans météores. Faites en de même de mon cœur; élevez-le par la force toute puissante de vôtre amour; purifiez-le de tout ce qu'il a de terrestre & d'impur; qu'il devienne une flamme dégagée de toute matiere; qu'il soit placé dans le Ciel comme un astre, pour y briller dnrant toute l'éternité.

FIG. XXIV.

Quis mihi det te fratrem meum, sugentem vbera matris meæ, vt inueniam te foris et deosculer te et iam me nemo despiciat! Cantic. 8. 24.

FIGURE XXIV.

Qui me fera le plaisir, ô mon cher frere, de vous mettre entre mes bras, pour pouvoir prendre un baiser sur vôtre bouche sacrée ; afin que je ne sois plus un objet de mépris ? Cantic. 8.

SERA-CE vous, sacré ministre de l'Autel ; helas ! Il ne tiendra qu'à vous : Il est entre vos mains : Oüi celui que vous tenez ainsi élevé pour le faire adorer aux peuples, cet Agneau sans tache dont vous allez paître le Troupeau, c'est mon frere, le fils de la Vierge, de ma Mere, dont il a succé plusieurs mois les mammelles virginales. Je ne veux que prendre un baiser sur sa bouche sacrée : Si je puis jamais obtenir cette faveur, que mon bonheur sera digne d'envie ! On ne me regardera plus avec mépris, je serai honorée des hommes, aimée des Anges, redoutée des démons. On dira : Voila la sœur du Roi de gloire ; voyez quelle douce familiarité semble les égaler ; comme le Dieu s'abaisse vers sa créature, comme la créature s'éleve vers son Dieu ; comme le souverain pour converser plus librement avec sa sujette se dépoüille de tout l'éclat qui l'environne, & fait disparoître cette majesté qui fait trembler les puissances du ciel ; comme la sujette paroît en être elle-même revétuë par cette étroite communication. Mais que dis-je ? où s'égarent mes souhaits temeraires ? arrêtez-vous desirs trop peu respectueux : helas une épouse noircie de tant d'infidelitez peut-elle prétendre au baiser de la bouche de son divin Epoux ? humilie-toi, malheureuse, & modere ton ardeur indiscrete. C'est encore trop pour toi, s'il te permet de baiser ses pieds. Souviens-toi de cette admirable femme, qui courbée sous le poids de ses pechez, bien que son amour extrême lui fist desirer des faveurs plus grandes, se contenta de coler sa bouche sur les pieds sacrez de celui qu'elle aimoit, de les arroser de ses larmes, & de les essuyer de ses cheveux. A l'exemple de cette bien-heureuse Pénitente, prosterne-toi à ces piés adorables, moüille-les de tes pleurs, non pour les laver, mais pour te laver toi-même. Et garde-toi bien de lever ton visage abbatu de honte & de douleur, avant que tu ayes entendu ces paroles: * Leve-toi, fille de Sion, leve-toi ; * Sors de la poussiere ; tes pechez te sont remis.

* *Isaïe*, 52.

* *Luc*, 7.

In lectulo meo per noctes quæsiui quem diligit anima mea. quæsiui illum et non inueni. Cantic. 3.

25.

FIGURE XXV.

J'ai cherché dans mon lit celui que j'aime, & je ne l'ai pas trouvé. Cantic. 3.

QUELLE apparence, ô mon divin Sauveur, que l'on vous trouve dans un lit délicat, Vous, qui vous nommez & qui êtes en effet un homme de douleurs ? Tu te trompe, Ame Chrétienne, de chercher JESUS-CHRIST autre part que dans les souffrances de la Croix ; ne sais-tu pas que c'est pour elle qu'il est descendu sûr la terre ; pour elle qu'il a soupiré toute sa vie, par elle qu'il t'a racheté de l'Enfer, par elle qu'il veut te conduire au Ciel : Que c'est elle seule par conséquent que tu dois chérir, desirer, embrasser à son imitation : Mourir au monde, au plaisir, à toi-même ; pleurer tes péchez, mortifier ta chair, humilier ton esprit ; regarder le monde comme une figure qui passe, les honneurs comme une fumée qui enteste, les joyes comme un vent qui corrompt ; fuir ceux qui te flattent, aimer ceux qui te méprisent ; craindre la prosperité comme un poison subtil, souffrir l'adversité comme un remede salutaire: en quelque état que tu te trouves, chercher ton bonheur dans la Croix persuadée qu'on ne le trouve point ailleurs ; suivre par tout J. C. dans un esprit de conformité à ses douleurs ; sur le Thabor pour t'en entretenir avec lui, sur le Calvaire, pour les ressentir avec lui, & te croyant toûjours indigne de la gloire, dont il fait part à ceux qui souffrent pour lui, t'appliquer sans relâche à faire avec le secours de la grace tout ce que tu pourras pour la mériter. Voilà ton partage, si tu veux être heureuse, en trouvant celui que tu cherches. Et pour te dire tout en un mot, prens garde à n'aimer que lui, ou si tu aimes quelque chose, que ce soit pour lui. A ne craindre, que de lui déplaire, ou si tu crains quelque autre chose que ce soit par rapport à lui. A ne te réjoüir qu'en lui, ou si quelque autre objet te donne de la joye, regarde-le cõme un attrait, dont il se sert pour t'approcher de lui. Ne t'afflige enfin que de le perdre ; ou, si quelque autre perte te touche, reçois-la comme une épreuve, qu'il ménage pour te purifier, & t'attacher plus étroitement à lui.

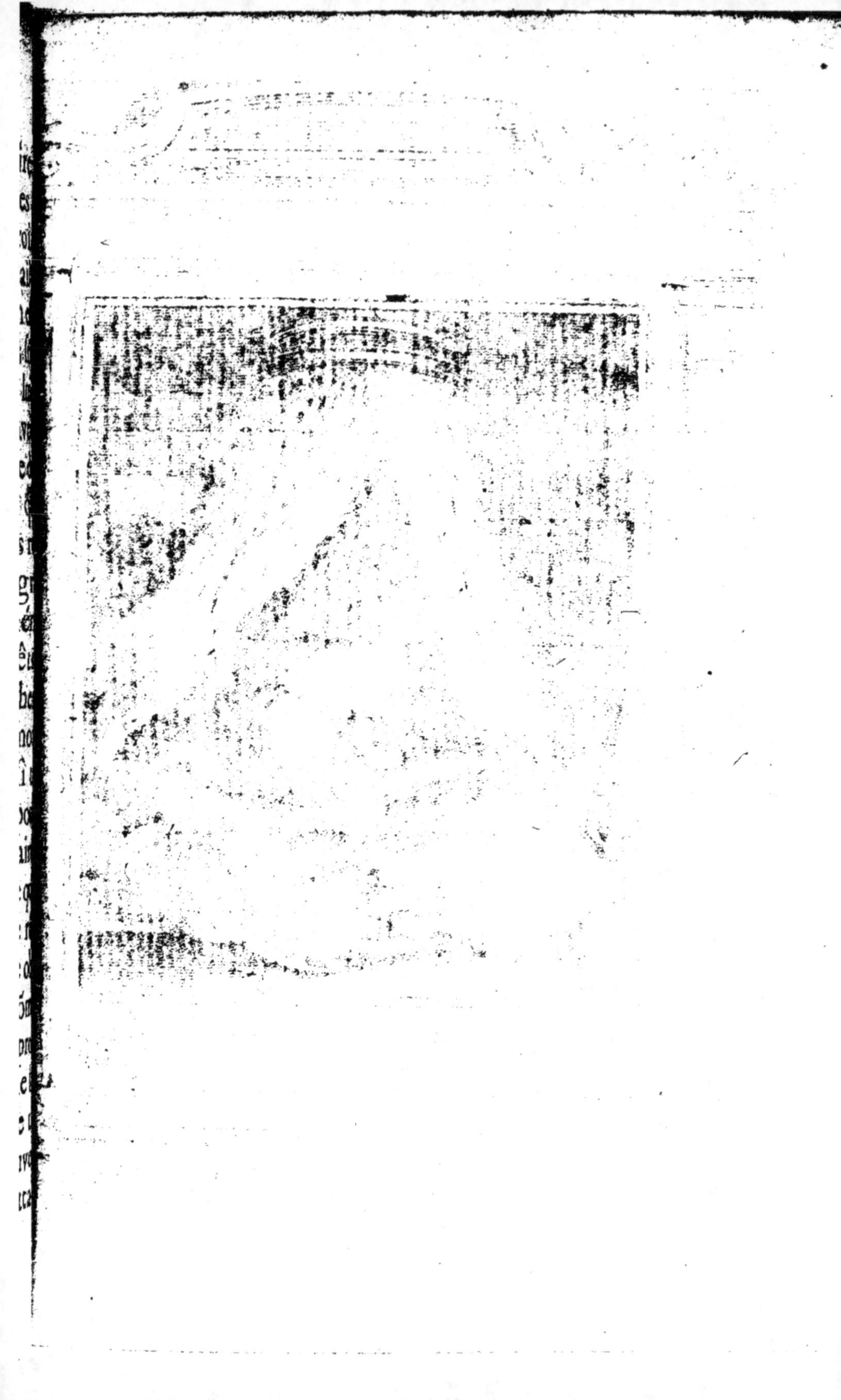

Surgam et circuibo ciuitatem; per vicos et plateas quæram quem diligit anima mea: quesiui illum et non inueni. Cantic. 3.

26.

FIGURE XXVI.

Je me leverai, je ferai le tour de la ville, je chercherai mon Bien-aimé par les ruës & par les places publiques. Helas! je l'ai cherché, & je ne l'ai pas trouvé. Cantic. 3.

OU courez-vous, fidele Epouse de JESUS? quel trouble, quelle inquietude vous fait précipiter vos pas, ou quelle curiosité empressée vous conduit dans la foule du peuple, & au milieu des places publiques; Vous que l'amour de la retraite tient si fort éloignée du commerce des hommes & du séjour des Villes? Je cherche celui que j'aime: Je cherche JESUS mon Epoux. Vous vous trompez, ô Ame Chrétienne, si vous esperez trouver JESUS dans dans les lieux où vous le cherchez: JESUS au milieu du mensonge, de la vanité, & de l'injustice; JESUS parmi les crieries du Barreau, la mauvaise foy du negoce, la dissolution des spectacles; JESUS dans un cercle, où la médisance, le libertinage, & l'envie reglent la conversation: dans une assemblée de Sçavans, où l'esprit de parti, la cabale, & l'animosité président; dans un Auditoire, où le Ministre de la parole ne cherche qu'à plaire, & l'Auditeur ne cherche qu'à passer le temps. Non, non, chere Epouse de JESUS, vous ne le trouverez point dans tous ces endroits. Cherchez-le dans la solitude de ce jardin écarté, cherchez-le dans le coin de cette Eglise déserte, cherchez-le dans le silence de vôtre Oratoire; Il est par tout là; Il vous y attend, il y est plein d'impatience de vous combler de ses faveurs; à peine y serez-vous entrée, que vous sentirez sa présence. Helas! aimable JESUS, que j'estois abusée de croire pouvoir vous rencontrer dans le grand monde! ai-je oublié l'horreur que vous en avez toûjours témoignée? Ne me souviens-je plus de ce nombre effrayant de malédictions que vous lui avez données? Simple que je suis, je vous cherchois dans le séjour de la guerre & de l'inquiétude, vous qui estes le Dieu de la paix & du repos: vous qui avez si souvent dit à vos Apôtres: Venez vous reposer dans ces lieux écartez & solitaires; vous qui prenez plaisir à vous nommer la Fleur des champs, & le Lis des vallées; un Dieu caché, & un Epoux plein de pudeur. Vous enfin qui ne parlez au cœur de vos Epouses, qu'aprés les avoir conduites dans la solitude. C'en est fait, je renonce au monde pour toûjours; l'ennemi de mon Dieu ne me possedera jamais.

Num, quem diligit anima mea, vidistis? Paullulum cum pertransissem eos, inveni quem diligit anima mea: tenui eum, nec dimittam. Cant. 3. 3.4.

FIGURE XXVII.

N'avez-vous point vû celuy que j'aime? les ayant un peu paßez, j'ay trouvé celui que j'aime; je le tiens, & je ne le laisseray point aller. Cantic. 3.

MISERABLE que je suis! J'ay perdu mon Dieu, j'ay perdu celui qui faisoit tout le bonheur de ma vie; je l'ay perdu, helas! en perdant mon innocence. Funeste plaisir qui me l'as ravi, va, rentre dans l'abîme d'où tu n'es sorti que pour me rendre malheureuse. Où êtes-vous donc allé, Seigneur, ne reviendrez-vous plus vers vôtre épouse infortunée, l'avez-vous abandonnée pour toûjours? Ames saintes, ames innocentes, apprenez-moi, où je le pourrai trouver? Retournez Seigneur, retournez: Souvenez-vous de nôtre alliance, souvenez-vous de vos bontez; assez & trop long-tems je souffre les rigueurs de vôtre éloignement. Mais c'est en vain que je l'appelle, c'eſt en vain que je pouſſe des cris douloureux ; ſes oreilles & ſon cœur ſont fermez pour moi : je ne reverray plus, helas ! mon adorable époux, je n'en murmure point, je l'ay merité, & vôtre conduite, Seigneur, quelque rigoureuſe qu'elle ſoit, n'a rien que de juſte & d'équitable. Ah! ſi j'oſois eſperer le pardon de mes infidelitez, s'il m'étoit permis d'eſperer quelque retour de tendreſſe ; que ne ferois-je point alors pour me conſerver un bien ſi précieux ? Oüi, Seigneur, ſi jamais je ſuis aſſez heureuſe pour regagner vôtre cœur, rien ne ſera capable de me le faire perdre : je ſerai ſoûmiſe, obéïſſante, toûjours attentive à ce qui pourra vous plaire ; plus d'amour étranger, plus d'attache pour le monde, qu'il n'attende pas de moi la moindre complaiſance ; je ferai gloire de le mépriſer, de l'inſulter, de le haïr. Vous ſeul, vous ſeul, Seigneur, aurez tout mon attachement ; vous ſeul, ô mon Divin époux, ſerez l'objet de mon amour ; vous ſerez aimé fidelement, conſtamment.

Mihi autem, adhærere Deo bonum est; ponere in Domino Deo spem meam. Psal. 72.

28

FIGURE XXVIII.

Pour moi mon bien est de me tenir unie à Dieu, & de mettre mon esperance au Seigneur mon Dieu. Ps. 72.

QUE les amateurs du monde mettent leur felicité dans la joüissance des plaisirs ; que les grands du monde la cherchent dans la possession des honneurs ; que les sages du monde croyent l'avoir rencontrée dans l'acquisition d'une sagesse vaine. Pour moi je sçai que mon unique bonheur consiste à me tenir unie à mon Dieu : c'est en lui que je trouverai des plaisirs durables, des honneurs solides, la vraye sagesse. Est-il aucune puissance dans le Ciel, sur la terre, au fonds des enfers, qui ose entreprendre de me nuire, tant que je serai sous la protection de celui à qui le Ciel sert de trône, la terre de marche-pié, les enfers de prison : qui fait dans le Ciel éclater sa gloire, sur la terre aimer sa bonté, dans les enfers sentir la justice de celui qui est le Dieu du Ciel, le maître de la terre, le juge redoutable des enfers ? Non, rien ne me pourra jamais séparer de vous, Seigneur, Je serai, attaché à vous comme l'ombre l'est à mon corps, & comme mon corps est attaché à moi-même. On ne me verra point fléchir le genou devant ces Dieux de bouë & de terre, que vous prenez plaisir à élever sur la tête des hommes, quoiqu'ils ne soient eux-mêmes que des hommes foibles & miserables : quel appui pourroient-ils me donner, eux qui dans peu réduits en poussiere deviendrōt le joüet des vents? On ne me verra point non plus prodiguer mon encens à ces Divinitez, qui semblables aux fleurs du Printems, n'ont comme elles qu'un éclat passager. Enfin on ne me verra point me courber en la presence de ces Idoles du siecle, qui toutes brillantes au dehors d'un or emprunté, ne sont au dedans remplies que d'ordure & de saletez. Celui-là seul aura mes vœux, qui a assez de bonté pour les écouter, & assez de pouvoir pour les remplir.

Sub umbra illius quem desideraueram, sedi. Cantic. 2.

29.

FIGURE XXIX.

Je me suis reposée sous l'ombre de celui que j'ay désiré. Cantic. 2.

O Qu'il est bien vrai qu'un jour passé au service de Dieu, vaut mieux que mille passez au service du monde! amateurs de ce monde, vous n'en convenez pas, entêtez de vos fausses préventions, vous regardez la dévotion comme un desert affreux, & les ames qui s'y engagent, tristes, sombres, chagrines, sans joye, sans plaisir, sans repos. Je l'ai cru comme vous, mais que j'en suis heureusement désabusée, & que j'en fais une agréable expérience! Tantôt c'est un témoignage de la raison éclairée de Dieu & conduite par la foi; on a une vraye satisfaction à penser & à dire qu'on fait son devoir & qu'on est dans l'ordre, qu'on suit le parti de tous les gens sages, & qu'on rend à Dieu en le servant, ce qu'il demande & ce qui lui est deû. Tantôt c'est un calme parfait, exemt de ces frayeurs glaçantes qui saisissent les pécheurs à la pensée de la mort & du Jugement qui la suit : l'on attend paiſiblement ſa deſtinée ; non pas qu'on ne craigne point du tout, il y auroit de la préſomption ; mais on craint comme des enfans bien-nez ſans trouble, & avec une pleine confiance en la miſericorde du meilleur de tous les peres. Tantôt c'eſt un ſaint dégagement où le cœur affranchi de la tyrannie des paſſions joüit d'une entiere liberté : on s'accoutume à regarder les choſes de la terre d'un œil chrétien, & l'on n'en reçoit point ces impreſſions vives & profondes, qui font les chagrins de la vie. On prend des vuës plus relevées, & dans cette diſpoſition on voit couler le ſiecle & ſes faux biens ſans en être afligé. On eſt ſpectateur des differentes ſçenes qui ſe joüent parmi les hommes, ſans en être emû ; on ſe contente de ſa condition, & des divers changemens qui y arrivent ; du moins on apprend peu à peu à ſe contenter ; & plus on avance, plus on devient maître de ſoi, & plus on s'affermit dans le repos.

Quomodo cantabimus canticum D̄ni, in terra aliena? Psal. 136.

30.

FIGURE XXX.

Comment pourrons-nous chanter les Cantiques du Seigneur dans une terre étrangere ? Psal. 136.

AMES penitentes, Epouſes ſacrées de JESUS-CHRIST, mes cheres compagnes, gardons nous bien de faire entendre ici nos ſoûpirs, & les tendres ſecrets de nos cœurs ; l'air qui environne cette terre étrangere où nous ſommes releguées, & qui fume de tous côtez de ſacrifices offerts au prince du Monde, n'eſt pas aſſez pur pour retentir des ſacrez Cantiques de l'Amour divin, & ce ſeroit une eſpece de ſacrilege de les faire redire aux Echos d'une contrée profane, qui ſont frapez à toute heure des chants diſſolus de l'amour impur. Contentons-nous de joüir en ſecret des chaſtes embraſſemens de nôtre divin Epoux ; renfermons dans nos cœurs ces myſteres, & ne les divulgons pas, de crainte que les hommes charnels n'en abuſent, & ne les tournent en ridicules. Vous ſçavez qu'il faut être à Dieu pour goûter les choſes de Dieu, & c'eſt preſque toûjours les expoſer à une indigne profanation, que de les expoſer à la connoiſſance des mondains : les maximes du monde & ſa conduite, ont une opposition trop formelle à la conduite, & aux maximes de Jesus-Christ, pour entreprendre de les concilier. N'allons donc point semant des pierres precieuses devant des animaux immondes qui les fouleront aux pieds, & que le desir de faire éclater la gloire de Dieu aux yeux des profanes, ne soit pas cause que cette gloire soit ternie par leurs regards. Non, Seigneur, vous ne me verrez point indiscretement mettre au jour les faveurs que vôtre bonté répand sur moi. Je sçai que rien n'est plus dangereux qu'une pareille confidence. Car ou la vanité qu'elles peuvent nous donner, lorsque nous les racontons aux autres en peut arrêter le cours ; ou le peu d'estime que les autres en font peut nous les rendre moins précieuses ; ou la modestie de nôtre Epoux qui n'aime pas qu'on publie ses bienfaits, l'oblige à nous en priver ; ou enfin nous y devenons moins sensibles par l'habitude que nous prenons d'en parler, nous nous y accoûtumons, & elles nous touchent beaucoup moins, dés qu'elles ne sont plus un mystere entre Dieu & nous.

Adiuro vos, filiæ Hierusalem, si inueneritis dilectum meum, vt nuncietis ei, quia amore langueo. Cantic. 5.

31.

FIGURE XXXI.

Je vous conjure, Filles de Jerusalem, si vous trouvez celui que j'aime, de lui dire que je languis pour lui d'amour. Cantic. 5.

CIEUX, qui environnez la terre, & qui formez sur elle un lambris orné de mille globes éclatans de lumiére, dites à celui qui vous a placez au dessus de tous ses Ouvrages, que je languis pour lui d'amour. Soleil, image visible de la beauté invisible de mon Dieu, dis à celui qui t'a fait si brillant & si beau, que je languis pour lui d'amour. Mer, qui par ta vaste étenduë, ta profondeur souvent inaccessible à la sonde, ton agitation & tes orages si redoutables aux Pilotes, & ton calme si agréable à contempler, represente si bien l'immensité du Créateur, l'abysme impénetrable de ses jugemens, sa colere si funeste aux pécheurs, & sa douceur si favorable aux pénitens, dis à celui qui t'a donné tant de grandeur & de majesté, que je languis pour lui d'amour. Terre, patrie des animaux & prison des hommes, dis à celui qui opere en toi tant de merveilles, que je languis pour lui d'amour. Fleuves, fontaines, ruisseaux, lacs, étangs, sources salutaires d'eaux minérales, dites à celui qui vous a donné tant de vertu & de fécondité, que je languis pour lui d'amour. Esprits bien-heureux, qui chantez sans cesse les loüanges de l'Eternel, faites entendre dans vos Cantiques sacrez, que je languis pour lui d'amour. Et vous, Ames intelligentes & immortelles, mes cheres compagnes, unissez-vous à moi, & disons toutes ensemble : Seigneur, je languis pour vous d'amour.

FIG. XXXII.

Fulcite me floribus, stipate me malis. quia amore langueo. Cant. 2.

32.

FIGURE XXXII.

Soûtenez-moi avec quantité de fleurs, environnez-moi de toute ſorte de fruits, car je languis d'amour. Cantic. 2.

DESIRS ſacrez qui me rendez toute brûlante de l'Amour de mon Dieu, que vous m'eſtes chers : que j'aime cette douce langueur que vous me cauſez ! Je l'aime, & elle me tuë ; elle m'eſt chere, & elle me fait mourir. Impatiens deſirs de me réünir à mon Dieu, que vous me faites endurer de tourmens ! Quand paroîtra-t-il ce jour qui doit mettre fin à mes peines, en mettant fin à ma vie ? Languiray-je encore long-tems dans l'attente d'un bien qui m'eſt promis, & dont la joüiſſance peut ſeule me rendre heureuſe ? Je languis cependant dans cet eſpoir ; j'eſpere, il eſt vray, mais mon eſperance n'eſt pas tranquille. Et peut-on avoir beaucoup d'amour pour un bien, & en attendre tranquillement la poſſeſſion. Peut-on être tranquille lorſqu'on ſe voit à tous momens en danger de le perdre ? quel eſt l'homme aſſez intrépide qui ayant encore beaucoup de chemin à faire avant que de pouvoir arriver au port, ſur une mer toûjours agitée, dans un vaiſſeau entrouvert de tous côtez , à travers mille écueils, quel eſt, dis-je, l'homme aſſez ferme pour ne pas trembler ? Il n'en eſt point qui ne ſe ſente ébranlé, & la frayeur s'empare du plus hardi. Et je pourrois être ſans crainte, lors qu'expoſée ſur la mer orageuſe du monde, dans un vaiſſeau ſi peu propre à reſiſter aux vagues, aux coups de vent, aux courans, que l'eſt le corps de terre qui m'a été donné : ayant à faire une route auſſi perilleuſe que celle de la vie, peut-être encore fort éloignée du port : je pourrois ſans émotion voir ſur ma teſte des montagnes d'eau & d'écume prêtes à m'envelopper ; la mer s'entrouvrir pour me ſervir de tombeau, les vents ſe diſputer l'un à l'autre la gloire de me couler à fonds. Car voila l'Image des horribles dangers qu'une ame court tant qu'elle vit ſur la terre. Les paſſions ſont ces montagnes d'écume ; l'enfer eſt cet abîme qui s'entrouvre pour la recevoir à chaque peché qu'elle commet ; ces vents enfin ſont les demons, qui par leurs violentes ſecouſſes, leurs ſouffles impetueux s'efforcent ou de jetter ſon vaiſſeau contre les rochers, ou de le couvrir de vagues, ou d'en mettre en pieces le mats & les voiles. Et je pourrois encore un coup joüir d'un plein repos, vivre dans une parfaite ſécurité, être tranquille, & me rire de la mer & des vents : ce ſeroit moins fermeté & grandeur de courage, qu'inſenſibilité, ou deſeſpoir.

Dilectus meus mihi et ego illi qui pascitur inter lilia; donec aspiret dies et inclinentur umbræ.
Cant. 2. 33.

FIGURE XXXIII.

Mon Bien-aimé est tout à moi, & je suis toute à mon Bien-aimé : Il repaist parmi les lis, tant que les vents qui regnent le jour, poussent leur haleine, & jusques à ce que les ombres de la nuit s'abaissent. Cantic. 2.

O DOUCE & aimable certitude, ô pensée flateuse & charmante! Je suis aimée de JESUS. Celui dont la vûë fait la félicité des Anges, se fait un plaisir de m'aimer, il y met toute sa gloire ; que dis-je ? sa gloire ne lui est plus rien dés qu'il s'agit de l'amour qu'il me porte. S'il avoit aimé plus que moi cette gloire, l'auroit-il sacrifiée à la honte d'une mort infame ? Je le redis donc encore, & je ne puis trop le redire : ô douce pensée, ô flateuse assurance, je suis aimée de JESUS! Mais de quelle maniere en suis-je aimée, avec quelle violence ? C'est ce qu'on auroit peine à croire, si lui même n'avoit eu soin d'en faire écrire l'histoire pour être un monument éternel de son amour. Il a pris la même nature que moi, la même chair, la même substance. Il m'a esté dit au moment de son Incarnation, ce qui fut dit à Adam & à Eve, lors qu'ils furent formez l'un pour l'autre : JESUS & vous ne serez qu'une même chair : vous avez esté faite pour JESUS, & JESUS a esté formé pour vous. J'ai déja dit, que sans se soucier de sa propre gloire (lui qui en est nommé le Roi) il lui avoit préferé une mort infame, lors que son amour le porta à me racheter, en donnant pour moi sa vie. Quel amour! J'ai donc coûté à JESUS & la vie & la gloire. JESUS est donc tout à moi; suis-je toute à Jesus ? mon cœur n'est-il point partagé entre lui & les créatures ? mais mon cœur n'est-il point tout entier aux créatures ? Que viens-je de dire ? j'aimerois quelque chose avec JESUS ; j'aimerois quelque chose plus que JESUS ; je n'aimerois point JESUS. Malheureuse ! serois-je capable d'un tel excés ? Il n'est que trop vrai que je l'ai esté, le serois-je encore ?

Ego dilecto meo, et ad me conuersio eius. Cantic. 7.

34.

FIGURE XXXIV.

Les regards tendres & touchans que mon Bien-aimé laiſſe tomber ſur moi, entraînent vers lui tout le penchant de mon cœur. Cantic. 7.

SEIGNEUR, qui peut ſoûtenir la force de vos regards, qui peut reſiſter à leur douceur, qui peut ſe défendre de leurs charmes ? Eſt-il un cœur aſſez dur pour ne ſe pas rendre à tout ce qu'ils ont de tendre & de touchant ? Pour moi, Seigneur, je ne m'en défends pas, vos yeux adorables m'ont charmé ; & quelle merveille, qu'ils ayent fait cet effet ſur le cœur d'une chetive mortelle ? ils charment bien les Anges ; que dis-je ? ils ont gagné toute la tendreſſe du Pere Eternel. Mais, Seigneur, me ſeroit-il permis de rechercher la cauſe de cette ſenſibilité que je me trouve pour ces yeux divins ? Seroit-ce parce que vous eſtes le plus beau des enfans des hommes, ou bien parce que vous eſtes la ſplendeur du

Pere, la lumiere qui éclaire les hommes, le Soleil de Justice, l'éclat le plus vif & le plus pur de la gloire? Il me semble, Seigneur, que ce n'est point à cause de tout cela. C'est qu'au travers de tant de feux, de lumiere, d'éclat, de majesté qui brillent dans ces yeux adorables, j'y découvre un je ne sçai quel air de bonté, de misericorde, de compassion pour mes miseres. Voilà, je l'avouërai, ce qui me charme, voilà ce qui me touche. Mais quand m'ont-ils paru ainsi, quand les ai-je trouvé le plus remplis de charmes? le dirai-je? c'a esté lorsque couverts de sang, & à demi éteints, vous les élevâtes, Seigneur, vers le Ciel; puis les rabaissant sur la terre, & envisageant dans ce moment tous les hommes, vous dîtes à vôtre Pere: *Mon Pere, pardonnez-leur.* Tournez-les sans cesse sur moy, ô mon Jesus, ces yeux adorables & pleins de misericorde; qu'ils demandent à tous momens grace pour moy, & que j'y trouve toûjours ce fond de compassion & de bonté, qui fait toute la consolation des ames pénitentes.

Anima mea liquefacta est vt dilectus locutus est Cantique 5.

35

FIGURE XXXV.

Durant que mon Bien-aimé me parloit, je ſentois mon cœur ſe fondre au feu divin de ſa parole. Cantic. 5.

VOTRE parole, Seigneur, n'eſt pas ſeulement ſemblable à un glaive à deux tranchans, qui coupe, diviſe & ſepare les parties les plus unies, & les mieux jointes enſemble; elle reſſemble encore à un feu vif, qui penetre, diſſout & liquefie ce qu'il y a de plus dur dans la nature. Tel étoit mon cœur, ſa dureté étoit ſans égale, & auprés de lui les diamans étoient maniables & fléxibles. En vain pour tâcher de l'amolir, l'on employoit les remontrances, en vain on faiſoit parler la raiſon, en vain on avoit recours à la force de l'exemple, tout cela ne ſervoit qu'à l'endurcir davantage: mais à peine, Seigneur, vôtre bouche ſacrée s'eſt-elle ouverte, à peine le premier ſon de vôtre voix a-t-il frapé mon oreille, que toute cette dureté s'eſt évanouïe. La neige ne ſe fond pas plus aiſément au ſoleil, la cire ne coule pas avec plus de facilité aux approches du feu, que mon cœur s'eſt fondu à vôtre parole. Auſſi, Seigneur, rien n'a plus de douceur, ni tout enſemble plus de force que cette divine parole. Elle coule de vos lévres adorables comme un baume precieux qui ferme la plaie de la femme adultere, qui guérit l'incontinence de la Samaritaine, qui efface jusqu'aux cicatrices de Marie la pécheresse : Mais elle devient entre vos mains un rasoir qui fait une incision sanglante à l'orgueil des Pharisiens, qui met à nud l'hypocrisie des Scribes, qui se fait sentir jusqu'au vif aux profanateurs du Temple. C'est un Zephire doux & agreable, qui tempere le zele trop ardent de vos Apôtres; mais c'est un vent impetueux qui renverse l'insolente temerité des Soldats dans le jardin des Oliviers. Elle rend la vie à Lazare, & elle donne la mort à Judas ; Elle échaufe le cœur des Disciples d'Emaüs, & elle ne produit que de la glace dans celui des Prêtres, & des Grands de Jerusalem ; Elle console enfin vôtre sainte Mere, elle enrichit vôtre disciple bien-aimé, elle donne le Paradis au bon Larron. O Jesus, ô mon aimable Sauveur, que cette Parole soit pour moi un baume salutaire, un doux Zephire, un soufle de vie ; qu'elle me console dans mes afflictions, qu'elle me rende riche des biens de la grace, & qu'elle m'assure enfin un bonheur éternel.

Fig. XXXVI.

Quid enim mihi est in cœlo, et à te quid volui super terram? Psal. 72.

Landry.

36.

FIGURE XXXVI.

Que desirai-je dans le Ciel, & que veux-je sur la Terre, sinon vous seul? Psal. 72.

OU courez-vous, desirs impétueux, qui sortez en foule de mon cœur pour vous répandre sur les créatures? n'esperez pas y trouver les douceurs que vous y cherchez; vous vous laissez séduire à l'apparence: ces créatures qui vous attirent ont bien quelque beauté, mais elle n'est que superficielle, ce n'est tout au plus qu'une legere impression de cette premiere beauté, qui en les formant a laissé en elles quelques traces de ses perfections. Rentrez donc dans mon cœur, desirs inconsiderez, & n'en sortez plus que sous la conduite de la raison. Elle vous menera cette sage conductrice droit à l'objet qui doit seul vous fixer. Car enfin que cherchez-vous sur la terre & mesme dans le ciel, que vous ne trouviez en luy? Etes vous sensibles à la gloire;il en est le Roi. Ouvrez-vous, portes eternelles, s'écrie un de ses Prophetes, qui étoit Roi luy-même: ouvrez-vous, & le Roi de gloire fera son entrée. La valeur heroïque vous paroît-elle digne de vôtre recherche ? Il est le Seigneur des armées, le fort, l'invincible. Aimez-vous cette proportion charmante qui se rencontre dans les traits, cet heureux assemblage des parties d'où naist ce qu'on appelle proprement la beauté ? la sienne surpasse celle de tous les enfans des hommes, toutes les graces sont répanduës sur ses lévres. * Les richesses vous touchent-elles ? la terre & tout ce qu'elle contient, est au Seigneur ; * le monde & tous ceux qui l'habitent sont à luy. Avoüez donc enfin, qu'il n'y a que lui sur la Terre & dans le Ciel qui puisse pleinement vous satisfaire.

* *Psal.* 44. *v.* 3.
* *Psal.* 23. *v.* 1.

Heu mihi, quia incolatus meus prolongatus est, habitaui cum habitantibus Cedar, multum incola fuit anima mea! Psal. 119. Landry. 3

FIGURE XXXVII.

Helas ! le temps de mon exil est bien long ; j'ai demeuré avec les habitans de Cedar, mon ame a été long-temps exilée. Pſ. 119.

SEJOUR des Anges & des ames immortelles, Ciel ma chere patrie, quand vous reverray-je ? Il y a déja tant d'années, Seigneur, que vous me retenez releguée dans ce coin de l'univers, ſur ce point que les hommes appellent la terre : combien m'y laiſſerez-vous encore languir dans les rigueurs d'un long exil ? ne finira-t-il jamais cet exil ? demeurerai-je toûjours dans cette region des morts ? Terre des vivans, charmantes & delicieuſes contrées, quand me compterez-vous au nombre de vos heureux habitans ? étrangere icy bas, tout m'ennuye, tout me cauſe de nouvelles peines: j'apperçois à la verité de tems en tems à travers des tenebres qui m'environnent, certains ſpectres lumineux, que j'entens nommer des plaiſirs, & aprés leſquels je vois courir les peuples en foule, & s'empreſſer à les ſuivre ; la curioſité m'entraine, & je cours comme les autres ; mais ſur le point de les joindre, je les vois fondre à mes yeux, s'évanoüir & ſe diſſiper comme une vapeur : Eſt-ce ainſi, m'écriay-je alors, pauvres mortels que vous vous laiſſez abuſer par une apparence trompeuſe ? eſt-ce ainſi que vous ſacrifiez vos jours, vôtre ame, vôtre éternité à une idée, à une illuſion, à une félicité imaginaire ? Vous nommez plaiſir, ce que j'appellerois la plus cruelle de toutes les douleurs. Et en effet la recherche en eſt penible, la joüiſſance inquiete, la perte douloureuſe. Deux momens font toute ſon eſſence & ſa durée. Dans le premier moment je n'en joüis pas encore ; dans le ſecond, je n'en joüis plus. O ! juſqu'à quand ſeray-je avec de ſi mauvais connoiſſeurs du vrai bonheur, de ſi faux eſtimateurs des veritables biens ? miſerables levez avec moi les yeux vers le Ciel : c'eſt là que vous trouverez ce que vous cherchez icy en vain. Croyez-vous être plus heureux ou plus ingénieux que vos peres ? Ecoutez-les : Nous nous ſommes laſſez, vous diſent-ils, dans la voye de l'iniquité, nous penſions qu'en la ſuivant, elle nous conduiroit au plaiſir & à la vie, & elle nous a conduit à la peine & à la mort. Profitez de cet aveu, mortels, il doit faire ſur vous un effet d'autant plus ſenſible, qu'il ſort d'un million de bouches, qui s'accordent toutes à dire la même choſe. Songez y : tandis que réunië à mon Dieu par l'ardeur de mes deſirs, je m'envôle dans ſon ſein, pour y joüir d'un bonheur qui ne finira jamais.

FIGURE XXXVIII.

Malheureux homme que je ſuis, qui me delivrera de ce corps de mort? Rom. 7.

PERDRE ſes biens, déchoir de ſes honneurs, tomber dans l'indigence & dans le mépris, languir dans l'infirmité & dans la douleur : c'eſt ce que l'homme terreſtre & charnel, qui ne connoît pas les choſes de Dieu, appelle être malheureux, & ce qui fait le bonheur de l'homme ſpirituel & inſtruit dans l'école de JESUS-CHRIST, où l'on enſeigne que le royaume du Ciel eſt pour les pauvres, pour les humbles, pour ceux qui pleurent & qui ſoufrent les maux de la vie preſente. Avoir ſans ceſſe à ſe défendre de la malice du ſiecle corrompu, à combatre des paſſions rebelles, à tenir ferme contre des tentations opiniâtres, c'eſt ce qui afflige l'homme ſpirituel, & ce que l'homme terreſtre ne ſent pas. Différentes idées du bien & du mal ; differentes ſources de joye & de triſteſſe. Jugetoi là deſſus, ô mon ame, & prononce toi-même ton Arreſt. Non contente d'uſer des biens de ce monde, veux-tu en joüir ? y mets-tu ton affection, en fais-tu tes délices, te réjoüis-tu lorsqu'ils te viennent en abondance, t'attriſtes-tu à meſure qu'ils s'échapent de tes mains ? aimes-tu à ſouffrir pour Dieu les diſgraces & les humiliations qui t'arrivent ? les regardes-tu comme des témoignages de ſon amour paternel, & comme des préjugez de ſa miſericorde au jour de ſa juſtice ? Souffres-tu de ne pas l'aimer, non pas autant qu'il eſt aimable, mais du moins autant qu'il te commande, & qu'il eſt en ton pouvoir de l'aimer ? gemis-tu enfin ſous le joug de tes paſſions, & dans les liens de cette chair mortelle, qui t'empêchent de t'unir à lui ? Juges, prononces, mais crains de te tromper.

Coarctor autem è duobus: desiderium habens dissolui et esse cum Christo. Ad Philip. 1.

19

FIGURE XXXIX.

Je me trouve pressée des deux côtez, car je desire d'être dégagée des liens du corps, & d'être avec Jesus-Christ. Philip. I.

QUI brisera ces liens qui m'attachent encore à la terre ? qui rompra cette prison de bouë où je suis enfermée ? qui me donnera des aîles pour m'envoler dans le sein de mon Dieu ? Que mon exil dure, helas ! ne finira-t'il jamais, & ne verray-je point luire enfin cet heureux jour, qui me doit réunir à JESUS-CHRIST ? Un cœur qui peut vivre tranquile, éloigné de ce qu'il aime, ne sçût jamais bien l'aimer. En vain pour tâcher d'adoucir les rigueurs d'un si long bannissement, je jette les yeux de toutes parts ; en vain je cherche parmi les creatures quelque objet dont la beauté puisse charmer mes ennuis, & me faire oublier durant quelques momens que je suis exilée. Vous n'avez pas ce pouvoir, chetives creatures, vos attraits sont trop foibles & trop languissans, ils n'ont rien d'assez vif pour toucher mon cœur, & je ne trouve en vous que de fades douceurs qui ne servent tout au plus qu'à couvrir ce que vous avez d'amer. Ouy, unissez-vous ensemble, employez tout ce que vous avez, d'agrémens, de force, de beauté, pour me rendre ſenſible; qu'offrirez-vous à mes deſirs? un plaiſir paſſager, qui échape dans le moment même qu'on le croit goûter? que m'offrirez-vous encore, des honneurs, un rang, des loüanges? c'eſt-à-dire une vapeur qui ſe diſſipe, un perſonnage de Comedie qui ne dure que trois heures, un peu d'encens qui s'exhale en fumée. O vous unique objet de mon amour, beauté qui meritez ſeule d'être aimée, vous qui formez dans mon cœur des deſirs ſi violens de vous poſſeder, ou éteignez en l'ardeur, ou ſatisfaites leur juſte impatience. Pourquoi m'avez-vous fait pour vous, s'il ne m'eſt pas permis de joüir de vous, & que me ſert ce penchant que je ſens pour vous qu'à me rendre malheureuſe tant que je ſeray ſans vous? Ainſi la pierre ſuſpenduë en l'air tend à ſon centre; ainſi le feu renfermé dans les entrailles de la terre, s'élance avec effort vers ſa Sphére; ainſi un fleuve arrêté dans ſa courſe par une digue, pouſſe contre elle ſes flots avec impetuoſité pour s'aller rendre dans l'ocean; ainſi cet innocent captif que l'oiſeleur a fait tomber dans ſes filets, s'éforce de les rompre, & regardant le Ciel ſemble luy demander ſa liberté.

Educ de custodia animam meam, ad confitendum nomini tuo. Psal. 14[illegible]

FIGURE XL.

Tirez-moi de cette prison, Seigneur, afin que je benisse vôtre nom. Ps. 141.

JUSQUES à quand, Seigneur soufrirez vous, qu'un autre amour que le vôtre m'assujetisse à ses loix ? le Monde ce cruel tyran me fait porter ses chaînes, & ce qui est pour moi de tous les malheurs le plus grand, il me les fait aimer. Ouy, j'aime mon esclavage quelque honteux qu'il soit ; & si quelquefois mon triste cœur vient à former des vœux pour recouvrer sa liberté, un moment aprés il se repent de les avoir formez. Ayez pitié de sa foiblesse, Seigneur, & servez-vous de vôtre pouvoir pour l'arracher des mains d'un ennemi qui en triomphe, & qui n'abuse que trop du malheureux penchant qu'on a pour luy. Il faut l'avoüer à ma honte, ce monde tout décrié qu'il est à sû me plaire. Ce brillant qui l'environne, ces plaisirs qui l'accompagnent, ces agréables fêtes qu'il donne, cet air de politesse qui regne dans tout ce qu'il fait, cette délicatesse qui se fait sentir dans tout ce qu'il dit, cette foule d'agrémens qu'il offre aux yeux, tout cela, je le confesse, n'a que trop sû me charmer. Ma raison, il est vrai, cette raison que vous m'avez donnée pour me conduire, ne ceſſe de me repréſenter que tout ce brillant n'eſt qu'un faux éclat qui m'éblouït ; que ces plaiſirs ſi doux lorsqu'on les goûte, deviennent mortels ſitôt qu'on les a goûtez ; que cette politeſſe, ces ſentimens ſi delicats & ſi tendres, couvrent les crimes les plus noirs & les plus honteux. Ma raiſon, Seigneur, me dit toutes ces choſes, je ſens qu'elles font impreſſion ſur moi, je ſuis prêt à me rendre : mais j'entens dans ce moment qu'on prépare un de ces ſpectacles que vous nommez une des pompes du diable, & que le monde appelle une fête galante ; je n'écoute plus ma raiſon, elle me devient odieuſe, je la quitte pour courir au ſpectacle. Vous, qui d'une ſeule parole pouvez ouvrir les priſons, & faire tomber les chaînes, prononcez-la Seigneur, cette parole toute-puiſſante, & que ſa vertu toute divine briſe mes fers & finiſſe ma triſte ſervitude, & ma bouche à jamais benira le nom de ſon libérateur.

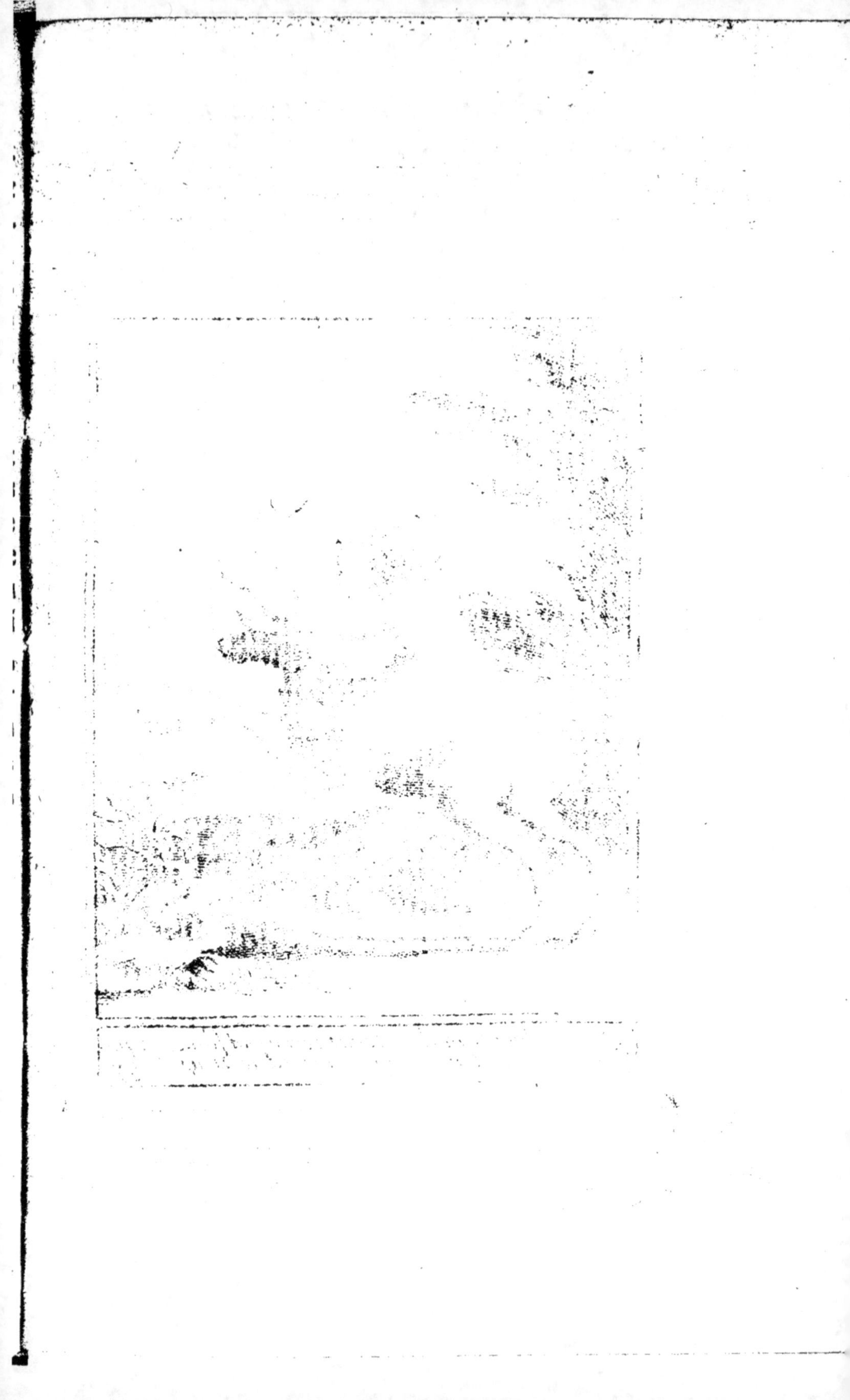

Quemadmodum desiderat cervus ad fontes aquarum: ita desiderat anima mea ad te Deus. Psal. 42

FIGURE XLI.

Comme le Cerf soûpire avec ardeur aprés les sources des eaux, ainsi je soûpire aprés vous, ô mon Dieu. Psalm. 41.

CONSUMÉ par les ardeurs mortelles de la concupiscence, je vous cherche, mon Dieu, pour obtenir de vous une goute de cette eau vive que vous offrîtes à la Samaritaine, & que vous donnez liberalement à toutes les Ames qui en ont besoin, & qui vous en demandent. J'entre dans une Ville, mais je n'y rencontre que des eaux bourbeuses, toûjours émuës par les vents de l'interest & de la volupté, & qui infectent l'air de leurs vapeurs noires & empoisonnées. Je passe dans un Jardin somptueux; là mille jets élancez dans l'air, & mille cascades qui se précipitent sur la terre, donnent à l'eau une infinité de formes agréables; mais tout cela n'est qu'artifice, je n'y vois que de l'écume qui salit la pureté de ces eaux; & je m'apperçois bien que c'est l'orgueil, qui contre leur propre nature, les éleve si haut. Un vaste Etang se présente ensuite à mes yeux; mais je reconnois d'abord que l'injustice & la violence y regnent ouvertement : les Grands y oppriment les petits, & la Puissance y triomphe tyrannniquement de la foiblesse. Toutes ces Eaux, mon Dieu, ne sont point encore celles que je cherche pour éteindre la soif qui me brûle. Ah ! j'entrevois couler sur un gazon verd & menu, & à travers des violettes, une eau plus transparente que le cristal, & plus pure que la lumiere. Une source fraîche & profonde la produit ; les bêtes des forests ne l'ont jamais échauffée par leur haleine, ny troublée par leur approche, elle est reservée pour les heureux Habitans de ce desert ; & on lit sur le rocher d'où elle sort, ces paroles qu'une main celeste y a gravées, *La Fontaine scellée.* Ah ! Seigneur, permettez que j'en approche mes lévres desséchées, souffrez que je m'y desaltere, & que j'y noye ma soif. C'est là cette source mystérieuse si connuë à vos Saints, & sur tout aux Solitaires, sous le nom de la *Fontaine de l'Oraison.* On les y voit chaque jour venir puiser l'Eau salutaire, qui les soûtient, & les rafraîchit durant tout le cours de leur vie.

Quando veniam et apparebo ante faciem Dei? Psal. 41.

42.

FIGURE XLII.

Quand viendrai-je, & quand paroîtrai-je devant la face de Dieu? Psal. 41.

O Jour heureux & éternel, jour plein de joye & de repos, dont la lumiere n'eſt interrompuë d'aucune nuit; dont le bonheur n'eſt ſujet à aucun changement; jour qui luiſez déja pour les bienheureux habitans de la cité céleſte, quand luirez-vous pour moi étrangere ſur la terre, aveuglée par l'erreur, abatuë par le travail, aſſiegée par les tentations, amolie par les délices, tourmentée par la pauvreté & par la miſére? quand viendra la fin de tous ces maux? quand ne me ſouviendrai-je plus que de vous, ô mon Dieu? quand ne ſerai-je occupée que de vous ſeule? quand arriverai-je à ce Royaume que vous avez préparé à ceux qui vous aiment? quand vous verrai-je ſans nuages? quand vous aimerai-je ſans dégouſt? quand vous poſſederai-je ſans crainte de vous perdre? quand me ſerez-vous tout en tout ce que je ſuis ? Conſolez-moi dans mon exil, ſoulagez-moi dans mes peines. O que ne ſouffrai-je point ici-bas, lorſque méditant les choſes du Ciel, je me trouve tout d'un coup accablée, diſſipée dans ma priere par une multitude de phantômes que le monde me préſente. Lors que commençant à ſoupirer aprés vous, je ſens auſſi-tôt ma ferveur s'attiédir, mes paſſions s'échauffer, des déſirs immortifiez s'élever en moi, & m'entraîner vers les choſes corruptibles. Venez donc en moi, Vérité éternelle, occupez-moi, poſſedez-moi, rendez-moi inſenſible à tous les mouvemens de la vanité, ſenſible ſeulement au plaiſir de vous méditer, à l'eſperance de vous voir, à la joye de vous contempler.

Quis dabit mihi pennas sicut columbæ et volabo et requiescam? Psal: 54.

43

FIGURE XLIII.

Qui me donnera des aîles comme à la Colombe, afin que je puiſſe m'envoler & me repoſer? Pſalm. 54.

O FELICITÉ du Ciel que tu es pleine! O felicité de la terre que tu es vuide! ô mon Dieu, que vos biens ſont differens de ceux du monde! Pour poſſeder vos biens, ô mon Dieu, il n'y a point aſſez de créatures; & quand elles ſeroient multipliées juſques à l'infini, il y auroit toûjours moins de poſſeſſeurs que de biens. Pour les tiens, ô Monde, il n'y a que trop de créatures; & quand il y en auroit encore moins, tu ne pourrois pas les remplir. Vôtre joie, ô mon Dieu, eſt un torrent de volupté qui enyvre; ta joye, ô Monde, n'eſt qu'un filet d'eau qui ſe perd & ſe tarit, dés qu'il commence à couler. Vous me les promettez, ô mon Dieu, ces biens, ces plaiſirs, cette joye; mais pour combien de temps? S'il ſe trouvoit ici-bas un Prince, qui donnât à ſes Soldats autant de biens & de repos dans leur vieilleſſe, qu'ils ont couru pour lui de périls, & ſouffert de fatigues dans tout le reſte de leur vie, il n'y auroit pas aſſez de bouches pour loüer sa magnificence : Si vous le faisiez vous-même, ô mon Dieu, si pour une année de service, vous donniez une année de repos & d'abondance, vous seriez juste, & à ce prix il n'y auroit personne qui ne dût vous servir. Que dis-je ? Si vous donniez pour chaque minute de service un jour de recompense ; pour chaque jour une année, pour chaque année un siecle, vous seriez non seulement liberal, vous seriez même, si je l'ose dire, prodigue, & vôtre magnificence iroit jusques à l'excez. Mais, ô bonté infinie ! ô bonté toûjours ancienne, & toûjours nouvelle, vous ne recompensez pas seulement une année de service, de cent, de mille, de cent mille années de repos, vous recompensez même un jour, une heure, un moment, un desir, une bonne volonté de vous servir, d'un repos éternel. Quel sujet de confusion pour moi, de vous refuser, Seigneur, ce peu de service qui doit estre suivi d'une si grande recompense !

FIG. XLIV.

Quam dilecta tabernacula tua, Dñe. Virtutũ. Concupis=
cit et deficit anima mea in atria Domini. Psal. 83.

44.

FIGURE XLIV.

Seigneur des armées, que vos Tabernacles ſont aimables! Je deſire ardemment d'eſtre dans la Maiſon du Seigneur, & je tombe preſque en défaillance par l'ardeur de mes deſirs. Pſ. 83.

TOUS les hommes ſe réveillent au ſeul nom de la Béatitude, il n'y a perſonne qui ne l'aime, qui ne la ſouhaite, qui ne ſoit ravi d'en entendre parler. C'eſt un ayman qui nous attire par des chaînes inviſibles; le deſir que nous en avons ne s'acquiert point en vivant, il naiſt avec nous. L'idée que nous en concevons ne ſe forme point à force d'étude & de ſpeculation, elle eſt écrite & profondément gravée dans nos ames. Quoique perſonne n'ait vû, pour ainſi dire, la béatitude en face, tous neanmoins ſont charmez de ſa beauté; quoique nous ignorions en quelle Iſle fortunée elle ſe trouve, nous ne laiſſons pas de la chercher comme un bien, comme nôtre bien, & d'être en de continuelles inquiétudes juſqu'à ce que nous l'ayons rencontrée. L'un met la main au ſceptre, l'autre à la charruë; celui-ci à la plume, celui-là à l'épée ; tous l'étendent également pour chercher la Béatitude , & plus leurs inclinations sont vives , plus ils s'attachent aux moyens qu'ils croyent propres à se la procurer : En sorte que tout ce que font les bons & les méchans , n'est que pour éloigner d'eux la misere qu'ils craignent , & jouïr du bien qu'ils souhaitent. Il est vrai que la plûpart se trompent dans le choix de ce bien , qui peut les rendre heureux ; & que comme nous sommes composez de deux parties , & que ce qui peut satisfaire la chair se trouve plus à portée que ce qui est necessaire pour contenter l'esprit ; il arrive que les biens sensibles nous touchent plus ordinairement & plus fortement que les biens éternels. Prens-y garde , ô ame chrétienne , crains de te méprendre ; tu veux être heureuse , c'est donc pour Dieu que tu soupires , c'est donc lui qui te charme , c'est lui que tu cherches , c'est à lui que tu dois tendre , pour lui que tu dois t'inquiéter , travailler , vivre enfin , puisque c'est en lui seul que tu peux trouver ton bonheur.

Fuge dilecte mi, et assimilare capreæ, hinnuloq3. ceruorum super montes aromatum. Cantic. 8.

45.

FIGURE XLV.

Prenez vôtre course, mon Bien-aimé, & semblable à un jeune chévreüil, ou à un fan de biche, parcourez legerement ces montagnes couvertes d'herbes odoriférantes. Cantic. 2.

CEs belles colines couvertes de fleurs, qui exhalent dans l'air mille parfums exquis ; ce sont les Saints, qui poussent vers le Ciel les douces & innocentes exhalaisons de leurs cœurs, leurs soupirs, leurs gémissemens & leurs vœux ; voyez les Anges qui ont soin de les recueillir, pour les porter au pied du trône de Dieu. Qui le croiroit? le Tout-puissant au milieu même de sa gloire aime à voir monter ces prétieux parfums, se plaît à en voir son trône environné, les reçoit avec bonté, avec complaisance, avec jalousie. Ce sont ces victimes d'agréable odeur, qu'il préfere à tous les hécatombes ; & tout le sang que Salomon répandit autrefois, ne fuma jamais si agréablement devant lui, que les soupirs, les vœux, & les tendres gémissemens des ames saintes. Le Ciel s'ouvre pour leur donner passage, les Esprits bien-heureux se font un honneur de les ramasser, ils penetrent jusqu'au cœur de Dieu sans trouver d'obstacle. O puissance de la Priere, ô force invincible de l'Oraison! vous arrachez de la main de Dieu la foudre qu'il étoit prest de lancer sur une tête criminelle; ce Dieu tout immuable qu'il est semble prendre plaisir à changer suivant les divers mouvemens que vous lui inspirez. Sa justice l'anime-t-elle contre les hommes? vous lui faites prendre des sentimens de miséricorde: a-t-il juré leur perte? vous en faites révoquer l'arrest: vous resistez à celui auquel rien ne resiste; le Tout-puissant vous cede; le Dieu fort se laisse vaincre, il se laisse desarmer par vous. O puissance de la Priere, ô force invincible de l'Oraison!

Domine, ante te omne desiderium meum, et gemitus meus à te non est absconditus. Psal. 37.

46

FIGURE XLVI.

Seigneur, vous voyez où tendent tous mes desirs ; & le gemissement de mon cœur ne vous est point caché. Ps. 37.

IL n'est que trop vrai, Seigneur, que mes desirs n'ont pas toûjours été legitimes, & j'ay souvent aimé ce que j'aurois dû toûjours haïr. Helas ! oubliez, s'il se peut, ces tems malheureux, où vous me voyez esclave de la vanité soupirer aprés les plaisirs criminels, & courir aprés l'illusion & le mensonge. Je me laissois séduire aux douces impressions des sens, mon erreur m'étoit chére, & je repoussois sans cesse la main charitable, qui vouloit m'ôter le voile qui me cachoit la verité. Graces à vos bontez, Seigneur, ces tems sont passez, j'ay brûlé ce que j'adorois alors, & j'adore maintenant ce que j'avois brûlé. Vous, à qui rien n'est caché, Vous connoissez où tendent à present tous mes desirs. Vôtre joug qui me paroissoit insupportable, me semble leger ; & vôtre Loy qui n'avoit pour moi que de l'amertume, me paroît plus douce que le miel. Je préfere le silence aux conversations les plus enjoüées, la retraite aux assemblées les plus brillantes, & la solitude qui me causoit tant d'horreur fait aujourd'huy mes plus cheres délices. Quel est donc le charme innocent qui change ainsi pour moi toute la face de la Nature. Ce qui donnoit quelque plaisir à mes yeux, les fatigue & les blesse : ce qui occupoit le plus agréablement mon esprit, le dégoûte & l'ennuie : ce qui flattoit mon ambition, me paroît puérile & ridicule : ce qui contribuoit à ma joïe me rend triste, & ce qui faisoit naître le ris dans ma bouche, ne produit plus que des gémissemens dans mon cœur. Voilà, Seigneur, l'heureux changement que vôtre grace a fait en moi. Tristesse salutaire, saints gémissemens, ne m'abandonnez jamais. Que le monde aime à se faire suivre d'une troupe de jeux, qu'il se laisse ébloüir par l'éclat pompeux des habits, qu'il marche environné d'un nombreux & superbe cortége, qu'il se plaise aux concerts, qu'il triomphe dans un cercle, qu'il se livre tout entier aux attraits séducteurs de la bonne chere; Pour moi, Seigneur, je regarde tout cela comme des amusemens frivoles, indignes d'une Ame destinée à de plus solides plaisirs.

FIN.

www.ingramcontent.com/pod-product-compliance
Lightning Source LLC
LaVergne TN
LVHW051057200726
843508LV00001B/392